Cultura

CB125566

FUNDAÇÃO EDITORA DA UNESP

Presidente do Conselho Curador
Mário Sérgio Vasconcelos

Diretor-Presidente / Publisher
Jézio Hernani Bomfim Gutierre

Superintendente Administrativo e Financeiro
William de Souza Agostinho

Conselho Editorial Acadêmico
Júlio Cesar Torres
Luís Antônio Francisco de Souza
Marcelo dos Santos Pereira
Maurício Funcia de Bonis
Patricia Porchat Pereira da Silva Knudsen
Ricardo D'Elia Matheus
Sílvia Maria Azevedo
Tatiana Noronha de Souza
Trajano Sardenberg

Editores-Adjuntos
Anderson Nobara
Leandro Rodrigues

Terry Eagleton

Cultura

Tradução
Pedro Paulo Pimenta

editora
unesp

Título original: *Culture*

© 2016 by Yale University
Originalmente publicado pela Yale University Press

© 2025 Editora Unesp

Direitos de publicação reservados à:

Fundação Editora da Unesp (FEU)
Praça da Sé, 108
01001-900 – São Paulo – SP
Tel.: (0xx11) 3242-7171
www.editoraunesp.com.br
www.livrariaunesp.com.br
atendimento.editora@unesp.br

Dados Internacionais de Catalogação na Publicação (CIP) de acordo com ISBD
Elaborado por Vagner Rodolfo da Silva – CRB-8/9410

E11c Eagleton, Terry

Cultura / Terry Eagleton; traduzido por Pedro Paulo Pimenta. – São Paulo: Editora Unesp, 2025.

Tradução de: *Culture*
Inclui bibliografia.
ISBN: 978-65-5711-281-6

1. Filosofia. 2. Crítica cultural. 3. História intelectual. 4. História das ideias. 5. Sociologia. 6. Crítica literária. 7. Ideologia. 8. Marxismo. I. Pimenta, Pedro Paulo. II. Título.

2025-3499 CDD 100
CDU 1

Editora afiliada:

Asociación de Editoriales Universitarias de América Latina y el Caribe

Associação Brasileira de Editoras Universitárias

Sumário

Prefácio

O conceito de cultura é multifacetado, o que torna difícil elaborar uma abordagem unificada e coerente a seu respeito. Por isso, este livro abre mão de uma unidade rigorosa de argumento para se aproximar de seu objeto por variadas perspectivas. Começo examinando diferentes sentidos do termo "cultura", para depois explorar algumas distinções fundamentais entre a ideia de cultura e a noção de civilização. Examino então a doutrina pós-moderna do culturalismo, para a qual a cultura é fundamental à existência humana e, correndo o risco de parecer antiquado, submeto a uma crítica os conceitos de diversidade, pluralidade, hibridez e inclusão. Contesto, ainda, os dogmas do relativismo cultural.

Pode-se ver a cultura como uma espécie de inconsciente social. Tendo em mente essa concepção, examino a obra de dois dentre os seus maiores exponentes: o filósofo político Edmund Burke, autor cujas obras são bastante conhecidas, mas que não costuma ser associado à ideia de cultura; e o filósofo alemão Johann Gottfried Herder, cujo pensamento extraordinariamente original a respeito de questões culturais é menos celebrado do que deveria. Também comento a cultura como inconsciente social nos escritos de T. S. Eliot e de Raymond Williams, dois pensadores para os quais a cultura é conceito vital, mas a partir de posições políticas opostas.

O capítulo dedicado a Oscar Wilde é uma homenagem ao mais audacioso e mais agradável dos críticos da cultura, e resume, ainda, algumas das versões de cultura a ser examinadas. Volto-me então para a questão de saber por que a ideia de cultura ganhou tanto peso na era moderna, por vezes vista como filisteia, e, para tanto, ofereço um conjunto de razões. As principais dentre elas seriam a ideia de cultura como crítica estética ou utópica do capitalismo industrial; a ascensão do nacionalismo revolucionário, do multiculturalismo e da política identitária; a busca de um substituto para a religião; e a emergência da chamada "indústria cultural". Também volto um olhar crítico à doutrina do culturalismo, para a qual a cultura é parte intrínseca da existência humana, e também à ideia do relativismo cultural. A Conclusão propõe algumas razões de por que a cultura não é tão central para as sociedades modernas quanto imaginam os seus apologistas.

Leitores atentos irão perceber que o livro tem um diapasão irlandês, de Swift, Burke e Wilde à política irlandesa de cunho anticolonial.

T. E.

1
Cultura e civilização

A palavra "cultura" é excepcionalmente complexa – segundo alguns, a segunda ou terceira mais complexa da língua inglesa.[1] Destacam-se, no entanto, quatro sentidos principais. Pode significar: (1) o conjunto de uma obra artística ou intelectual; (2) um processo de desenvolvimento espiritual ou intelectual; (3) os valores, costumes, crenças e práticas simbólicas que pautam a vida de pessoas; (4) todo um modo de vida. "Cultura lapona" pode significar a poesia, a música e a dança dos lapões; ou pode incluir o tipo de comida que eles comem, os esportes que praticam, a religião que professam; ou, indo além, abarcar a sociedade lapona como um todo, incluindo a sua rede de transportes, o seu sistema eleitoral e os seus métodos de coleta e processamento de lixo. Em todo caso, o que é típico da cultura da Lapônia não necessariamente lhe é exclusivo. Por exemplo, os lapões comem carne de rena, mas outros povos também comem. A lei exige que os seus veículos tenham correntes no inverno, e o mesmo vale

---

1 Raymond Williams, *Keywords: A Vocabulary of Culture and Society* (ed. rev., Londres: Fontana, 1983), p.87.

para outras nações ao norte. Contudo, na Lapônia é possível visitar a morada do Papai Noel no Círculo Ártico o ano inteiro, um privilégio de que as outras partes do mundo não podem se gabar.

A cultura tomada no sentido artístico e intelectual da palavra pode incluir inovação, mas cultura como modo de vida é uma questão de hábito. Alguém pode compor um novo concerto ou publicar uma nova revista acadêmica, mas, quando se toma a cultura no sentido mais amplo da palavra, a própria ideia de um evento cultural novo soa algo contraditória, por mais que tais coisas, é claro, existam. Nesse sentido, cultura é o que foi feito antes, talvez até aquilo que nossos ancestrais fizeram milhões e milhões de vezes. Para que a nossa conduta seja válida, ela pode precisar estar alinhada à deles. No sentido de arte, cultura pode ser sinônimo de vanguarda, mas, como modo de vida, trata-se principalmente de costume. E, como a cultura artística é, no mais das vezes, restrita a minorias, até por incluir uma produção de difícil acesso, nesse sentido ela é marcadamente diferente da cultura como processo de desenvolvimento, à primeira vista algo mais igualitário. Se os que hoje são incultos podem vir a se tornar algum dia cultivados, então é possível que qualquer um acumule capital cultural, desde que se dedique a tanto. Eu posso cuidar de meu próprio crescimento espiritual ao longo de anos, à maneira de um jardineiro que semeia e alimenta suas plantas. Nesse sentido, cultura não é algo que se obtém de uma hora para a outra, como um filhotinho de cachorro ou um ataque de gripe.

De maneira geral, os três primeiros significados da palavra "cultura" parecem mais úteis do que o quarto, que corre o risco de ser abrangente demais (cultura como um modo de vida). Raymond Williams observa que "a dificuldade da ideia de cultura é que a cada momento somos forçados a estendê-la, até que ela se torne praticamente idêntica à nossa vida comum".[2] Não parece claro em que

2 Raymond Williams, *Culture and Society 1780–1950* (Londres: Chatto & Windus, 1958), p.256.

sentido seríamos "forçados" a fazer essa extensão, mas Williams tem razão quando afirma que o termo *cultura* tem uma tendência inflacionária embutida. Mas não parece tão preocupado com isso quanto deveria. Se o sentido estético da palavra parece ser muito estreito, o antropológico pode se tornar amorfo. Mesmo assim, o significado mais extenso tem os seus usos. O próprio Williams ilustra a diferença entre cultura como arte e cultura como modo de vida, notando que a cultura do movimento operário britânico não é tanto uma questão de pintura e poesia quanto de instituições políticas: sindicatos, cooperativas, o Partido Trabalhista e tudo o mais. Para o filósofo alemão Johann Gottfried Herder, cuja obra nos interessa neste livro, cultura inclui indústria, comércio e tecnologia tanto quanto valores e sentimentos.

Em *Notas para uma definição de cultura*, T. S. Eliot inclui sob esse termo "todas as atividades e interesses característicos de um povo", e oferece uma lista de exemplos ingleses estereotipados: o Derby Day, a Henley Regatta, o jogo de dardos, o queijo Wensleydale, igrejas góticas, repolho cozido, beterraba em conserva, a música de Elgar etc.[3] Comentando essa lista algo brincalhona de patrimônios nacionais, Raymond Williams observa que o inventário de Eliot, longe de representar as atividades típicas do povo, se reduz a "esportes, comida e um quinhão de arte", o que sugere uma noção de cultivo mais antiga e mais exclusivista. Williams pergunta-se, ao contrário, se as atividades características dos ingleses não incluiriam ainda a fabricação do aço, a bolsa de valores, fazendas mistas e o transporte público londrino.[4] Em outras palavras, Eliot pensa estar descrevendo um modo de vida (quarta definição citada da palavra) quando, na verdade, restringe-se a costumes e práticas simbólicas (terceira definição).

3 T.S. Eliot, *Notes Towards the Definition of Culture* (Londres: Faber & Faber, 1948), p.31.

4 Williams, *Culture and Society*, p.234.

O que põe de saída o problema: a cultura de um povo inclui seu modo de existência prático, material ou estaria confinada à esfera simbólica?

Talvez não seja excessivamente pedante propor aqui uma distinção entre a cultura lapona e a civilização lapona. A pintura, a culinária e as práticas sexuais da Lapônia entrariam na primeira, os sistemas de transporte e de aquecimento central, na segunda. "Cultura" e "civilização" significaram outrora praticamente a mesma coisa; mas, como veremos, na Idade Moderna não apenas se tornaram distintas, mas até encaradas como opostas. Nos anais da história moderna, os alemães costumam ser vistos como representantes da cultura, enquanto os franceses são os porta-estandartes da civilização. Os alemães têm Goethe, Kant e Mendelssohn, os franceses têm perfumes, alta gastronomia e Châteauneuf-du-Pape. Os alemães são espirituais, os franceses são sofisticados. É uma escolha entre Wagner e Dior. Em termos de estereótipos, os alemães são elevados demais e os franceses, compostos demais.

Digamos, então, que caixas de correio costumam ser parte da civilização, mas as cores em que são pintadas (de verde na Irlanda, por exemplo) são uma questão de cultura. Sociedades modernas precisam de faróis de trânsito, mas não há uma razão para que vermelho signifique *pare* e verde *avance*. Durante a Revolução Cultural, houve em Pequim demandas de que fosse o contrário. Cultura, em grande parte, circunscreve menos o que é feito e mais o modo como é feito. Cultura pode denotar um conjunto de estilos, técnicas e procedimentos estabelecidos. Uma montadora de automóveis pode ser administrada de diferentes maneiras, o que nos permite distinguir uma "cultura Renault" de uma "cultura Volkswagen". Todos temos parentes, mas é uma questão cultural se a tradição exige que a convivência com alguns deles envolva piadinhas. A expressão "cultura policial" se refere não tanto a cassetetes e balas de borracha quanto à inclinação de parte das forças de segurança a usá-los à menor provocação. Abrange o modo como a polícia pensa e se comporta, qual a sua opinião sobre estupradores, por exemplo, ou se oficiais mais jovens devem prestar continência aos mais velhos. A cultura australiana provavelmente não inclui o fato de que há locadoras de carros em Alice Springs, mas certamente a realização de churrascos, o futebol australiano e as idas à praia. A cultura britânica inclui desde a ironia e os eufemismos até o uso de narizes de plástico vermelhos à menor chance que se ofereça.

Há ocasiões em que o termo "cultura" parece supérfluo. Afirmar que existe uma cultura de manipulação de resultados no futebol é dizer que a manipulação de resultados é comum. Chamar isso de "cultura", no entanto, implica que se trata de algo habitual, arraigado, talvez até aceito e governado por procedimentos estabelecidos. Nesse sentido, cultura parece ser uma categoria puramente descritiva. Mas essa impressão pode ser enganosa. Enxergar o próprio modo de vida como distintivo, por exemplo, geralmente engloba uma noção acerca das formas como ele difere do de outros povos e talvez, portanto, alguma desconfiança em relação a eles. A maioria das formas de identidade coletiva depende da exclusão de outros, às vezes necessariamente. Um engolidor de espadas profissional não pode ser membro o sindicato dos enfermeiros. Mas às vezes a exclusão não é tão inocente. Os unionistas da Irlanda do Norte não teriam por que hastear bandeiras com a cruz de São Jorge se hordas de nacionalistas católicos não estivessem ocupando o outro lado da rua. Assim, a ideia aparentemente inócua de cultura pode trazer em seu bojo, desde o início, as sementes da discórdia. Além disso, uma descrição que parece puramente factual de certo ponto de vista – digamos, "a cultura da nobreza proprietária de terra" – pode não sê-lo de outro (dos que aram os seus campos, por exemplo).

A noção de cultura como modo de vida provavelmente funciona melhor para sociedades tribais ou pré-modernas do que para sociedades modernas. Aliás, uma de suas fontes é o estudo dessas sociedades. Não porque tais sociedades sejam totalidades orgânicas. Não existem sociedades "totais", no sentido de sociedades imunes a conflitos e contradições. Mas porque é provavelmente mais difícil, em condições pré-modernas, traçar uma linha clara entre práticas simbólicas de um lado e atividades sociais ou econômicas de outro. Por exemplo, incluir trabalho e política na análise da cultura dos Dinka provavelmente tem mais sentido do que na dos dinamarqueses. Em tempos pré-modernos, o prático e simbólico se encontram mais intimamente associados do que na época moderna. Povos tribais não tendem a pensar que o seu trabalho e o seu comércio constituiriam uma região autônoma, conhecida como economia, distinta das crenças espirituais e dos deveres tradicionais. Em contraste, no mundo moderno, o econômico perde a reverência pelos direitos e costumes consagrados. O patrão não se sente obrigado a nutrir um interesse paternalista pelo bem-estar geral de um empregado ou, nem que seja, simular que sente tal coisa. Trabalha-se para se manter vivo ou simplesmente para obter lucro, não para (também) render um tributo ao Todo-Poderoso, cumprir obrigações com um senhor feudal ou exercer um papel no sistema de relações de parentesco da tribo. Os fatos sociais começam a se descolar dos valores culturais, em um processo que envolve novas espécies de liberdade, bem como novos sofrimentos. Posso, por exemplo, vender meu trabalho para quem pague mais, em vez de me manter preso a um único senhor. O poder não consegue mais se revestir facilmente com a autoridade espiritual. Há menor probabilidade de sermos constrangidos pela sutil força coercitiva da tradição, e estamos libertos da tediosa necessidade de jogar conversa fora com algum parente ou vizinho toda vez que olhares se cruzam.

Tomemos a diferença entre um camponês do século XIX e o operário de uma fábrica moderna. Na família da tradicional pequena propriedade agrária, o trabalho e a vida doméstica estão mais interligados entre si do que no vilarejo industrial, em que a fábrica é uma coisa e o lar é outra. Camponeses têm filhos pela mesma razão que todos nós, mas também porque crescerão e trabalharão na roça, cuidarão dos pais quando idosos e irão herdar a sua modesta porção de terra. Além de serem bonitinhas, crianças representam força de trabalho, um sistema de bem-estar e a continuidade da existência da fazenda. Já na civilização moderna, é difícil dizer para que servem as crianças. Elas não trabalham e algumas sequer têm valor decorativo. Sua manutenção é cara e elas nem sempre são razoáveis. Cuidar de crianças é uma das formas de trabalho mais extenuantes que a humanidade conhece. É surpreendente, por tudo isso, que a espécie humana moderna sequer dê conta de se reproduzir. Mas a utilidade das crianças para os camponeses e fazendeiros é inquestionável.

Com quem nos casamos também pode ser em parte governado por fatores econômicos, o que significa que em sociedades camponesas a distinção entre sexualidade e propriedade é menor do que em uma cidadezinha no interior de Ohio. A sexualidade pode ser menos uma questão de música romântica e jantares à luz de velas que de dotes e casamentos arranjados. Na verdade, uma parcela significativa da população mal consegue jantar, à luz de velas ou não. Mas essa interdependência entre o econômico e o sexual é uma marca não somente das ordens inferiores da sociedade rural, mas também dos proprietários de terra e da aristocracia. Casamentos em classes altas podem envolver, por exemplo, a consolidação de duas grandes fortunas, como na união entre Tom Jones e Sophia Western no romance homônimo de Henry Fielding, ou representar uma aliança mutuamente benéfica entre o capital agrícola e o industrial.

Portanto, em certas circunstâncias pode fazer sentido aplicar a palavra "cultura" à existência social como um todo, desde que isso seja feito sem nostalgia. Que a palavra não sugira, por exemplo, que a vida cotidiana na Inglaterra pré-industrial teria sido qualitativamente melhor do que na Chicago contemporânea. Pois, ao contrário, sob muitos aspectos, era bem pior. Que tampouco sirva para idealizar sociedades tribais. Em termos puramente descritivos, falar em "cultura Tuareg" provavelmente permite incluir certas atividades sociais cotidianas com mais facilidade do que quando se fala de "cultura do Texas". Dificilmente se poderia pensar que furar poços de petróleo ou guardar rifles Kalashnikov embaixo da cama pertenceriam ao domínio cultural. Mas há algo mais em jogo. Boa parte do que acontece em sociedades industrializadas é considerado como não cultural, no sentido do que não tem um valor evidente. Minas de carvão e tecelagens de algodão pertencem ao domínio da necessidade material, não à esfera da liberdade espiritual. Elas são não culturais tanto em sentido normativo quanto descritivo, pois a qualidade de vida que implicam deixa muito a desejar. Isso se aplica ainda mais abertamente a formas de trabalho não industriais. Mas o que surge com a Revolução Industrial é uma revolta contra a própria civilização, que parece falida espiritualmente. Em todo caso, tal é o veredicto de observadores tarimbados como Friedrich Schiller, John Ruskin e William Morris. É também a opinião de D. H. Lawrence, que, escrevendo sobre a Inglaterra industrial, diz que ela abarca "a completa negação da beleza natural, a completa negação da alegria de viver, a completa falta daquele instinto para a beleza bem-formada que um pássaro ou um mamífero mantêm intacto".[5] A civilização se tornou uma questão factual, a cultura permanece uma questão de valor. Nesse último sentido, a cultura parece ser coisa do passado. É o paraíso que perdemos, o belo jardim de que fomos expulsos, a sociedade orgânica que sempre está a desaparecer no horizonte.

A ideia de cultura, portanto, vem à luz com a civilização industrial. A palavra só se tornou corrente no século XIX. Quanto mais desalmada e empobrecida parece a experiência cotidiana, mais é promovido, por contraste, um ideal de cultura. Quanto mais grosseiramente materialista a sociedade se torna, mais exaltada e etérea parece ser a cultura. Cidadãos berlinenses ou vienenses de classe média começaram a sonhar com a imaculada sociedade orgânica da Grécia antiga. Cultura e civilização pareciam bater de frente. A primeira é um conceito romântico, a segunda pertence à linguagem do Iluminismo.

Mas a civilização não é a única antítese da cultura. Existe ainda uma polaridade entre cultura e barbárie. Para alguns pensadores, esses dois contrastes são na verdade a mesma coisa. Significa isso que muito do que passa por civilização é no fundo barbárie?

---

5 D.H. Lawrence, *Lady Chatterley's Lover*, apud Williams, *Culture and Society*, p.201.

Certamente houve quem pensasse assim. Se as artes, juntamente com os valores morais e as verdades espirituais, representam o que há de melhor na vida humana, então, nessa perspectiva, boa parte de nossa existência não é nada humana. Mas, se a cultura, nesse sentido, representa uma desaprovação da vida cotidiana, a cultura como prática simbólica continua profundamente arraigada nela. Se não houver cultura, é impossível administrar uma criação de porcos ou um acampamento militar, não no sentido de tocar Mahler em alto-falantes nos chiqueiros ou de distribuir cópias de Diderot junto aos soldados, mas de explorar valores e significações. Pode-se ver a cultura como um setor específico da civilização, de bandas de fanfarra e jardins de infância a desfiles de moda e basílicas; mas ela também significa a dimensão simbólica da sociedade como um todo, permeando-a de uma ponta a outra, tão onipresente quanto o Todo-Poderoso. Sem signos e valores, não pode haver atividade propriamente humana. E, por mais que a arte não coadune com as instituições sociais, ela mesma é uma instituição social, e só pode sobreviver dentro desse contexto. Se quisermos romances, precisaremos de fábricas de papel e gráficas de impressão. A civilização é a precondição da cultura. Em *Sobre a constituição da igreja e do Estado*, Samuel Taylor Coleridge se refere à cultura no sentido de um bem-estar moral como o valor superior entre as duas; mas a verdade é que a cultura é cria da mesma civilização à qual pretende dar um fundamento espiritual.

Pode parecer que a cultura se trata de questão de valores e a civilização se trata de uma questão factual, mas cada um desse termos pode ser utilizado tanto em sentido normativo quanto descritivo. Na frase “um modo de vida por completo”, a expressão “completo” pode significar, em acepção descritiva, “inteiro”, mas também, em acepção normativa, “unificado”, “essencial”, “sem falhas”. Quando o antropólogo Edward Burnett Taylor define cultura e civilização, no século XIX, como “o todo complexo que inclui conhecimento, crença, arte, moral, leis, costumes, e quaisquer outras capacidades e hábitos que o homem adquire como membro da sociedade”, ele fala em termos descritivos.[6] Quando o poeta Henry James Pye declara em seu poema "O progresso do refinamento", no século XVIII, que "o negro africano não tem uma cultura da qual se orgulhar", o comentário é valorativo. Com isso, ele quer dizer que os africanos têm cultura como maneira de viver, mas não no sentido de bem-viver. Eles têm um modo de vida, mas é imprestável. A lendária tirada de Mahatma Gandhi dita quando lhe indagaram o que pensava da civilização britânica – "Acho que seria uma boa ideia" – reverte maliciosamente a ideia de civilização como fato à de civilização como valor. Em certo sentido, não é civilizado torturar alguém, mas, em outro, é, pois muitas civilizações praticam a tortura. Somente povos civilizados podem colocar bastões de nitroglicerina em parquinhos infantis.

A obra de T. S. Eliot, cujas ideias sobre cultura abordaremos mais adiante, é um exemplo dessas ambiguidades. Eliot às vezes utiliza a palavra de maneira descritiva, significando "o modo de vida de um povo em particular que habita um lugar determinado".[7] Não é uma formulação muito astuta, pois a cultura britânica, por exemplo, é composta atualmente de diferentes povos vivendo de diferentes modos em um mesmo lugar, sem mencionar o estilo de vida de britânicos que vivem no estrangeiro. E também não combina com o uso normativo do termo por Eliot, quando ele fala da cultura como "o que torna a vida digna de ser vivida".[8] Em seu modo de entender, a cultura é às vezes uma questão de hábitos, de religião, de artes e ideias, e outras vezes é "o que faz [de uma sociedade] uma sociedade", o que certamente inclui mais do que capelas e salas de concerto.[9] Para piorar a confusão, ele fala ainda de um futuro "sobre o qual podemos dizer que não terá cultura", o que não é muito compatível com o uso mais antropológico da palavra.[10] Pode-se imaginar uma sociedade

---

6 E.B. Tylor, *Primitive Culture*, vol. 1 (Londres: John Murray, 1871), p.1.

7 Eliot, *Notes Towards the Definition of Culture*, p.120.

8 Ibid., p.27.

9 Ibid., p.37.

10 Ibid., p.19.

sem artes ou religião ou uma sociedade na qual a vida não é digna de ser vivida, mas não um modo de vida sem um modo de vida.

A palavra "natureza", outra dentre as opostas a cultura, contém uma ambiguidade similar. Dizer que a água da chuva é natural é expor um fato, mas afirmar que roubar os clientes é parte natural de ser banqueiro é emitir um juízo de valor. Um antigo presidente do Federal Bank dos Estados Unidos disse uma vez que acreditava que o capitalismo era natural, o que equivale a dizer que os cidadãos da antiga Pérsia ou as tribos da bacia do Amazonas se dedicam a práticas que não são naturais. Para alguns teóricos pós-modernos, a palavra "natural" deve ser evitada a todo custo. Para eles, não é mais que uma maneira enganadora de "naturalizar" o cultural, de modo que coisas que são alteráveis e contingentes pareçam inevitáveis e permanentes. O que estranhamente pressupõe que a natureza seja imutável, visão com certeza pouco difundida entre cirurgiões plásticos e engenheiros minerais. Mas a palavra "natureza" não precisa ter essa implicação insidiosa. É natural velar um amigo morto. Dar à luz é natural, assim como morrer. É natural nos assustarmos com um barulho súbito e estridente no meio da noite, assim como não gostar do Russell Crowe é natural. A natureza é louvada como um abrigo de tranquilidade no qual podemos nos refugiar do tumulto da civilização, mas ela pode ser o oposto disso. Nessa concepção, é a civilização que busca dar um mínimo de significado a uma natureza ingovernável. "A natureza é louca", como observa Slavoj Žižek. "A natureza é caótica, dada aos desastres mais selvagens, imprevisíveis e sem sentido, e estamos expostos a seus caprichos impiedosos. Isso de Mãe Terra simplesmente não existe [...] Não penso que exista uma ordem natural. A ordem natural é uma catástrofe."[11] Não é bem o tipo de observação que Wordsworth faria a seu colega Coleridge durante uma tranquila caminhada pelo Distrito dos Lagos. Para Žižek, o problema com a natureza não é ser imutável, e sim volátil demais.

11 Slavoj Žižek, *Demanding the Impossible* (Cambridge: Polity Press, 2013), pp.2, 9.

A ideia de civilização reúne o material ao espiritual. Mostra-nos que existem à nossa volta edifícios imensos, construções engenhosas e organizações elaboradas, ao mesmo tempo que sugere que tudo isso contribui para nosso bem-estar moral. A ideia de civilização é, entre outras coisas, um julgamento sobre pessoas que não tiveram a sorte de contar com bibliotecas públicas, aquecimento central, Charlie Sheen ou mísseis de cruzeiro. Em vez disso, tais pessoas habitam uma cultura, o que significa que não evoluíram a ponto de vestir ternos ou saias. Mas nem sempre se considera que isso seja um defeito. Oswald Spengler defende em *The Decline of the West* [*O declínio do Ocidente*] que todas as culturas terminam por se petrificar e se externalizam como civilizações, o que sugere um declínio do orgânico ao mecânico. Antes do advento das modernas tecnologias culturais, a civilização era um fenômeno mais cosmopolita do que a cultura, que por sua vez é tradicionalmente mais paroquial. Há importantes exceções a essa regra: um católico romano da Flórida, por exemplo, tem muito em comum com um católico romano do Camboja. Alguns tipos culturais (maçons, vegetarianos, tocadores de tuba) se encontram espalhados pela superfície do planeta. De maneira geral, no entanto, a cultura tende a refletir a vida de uma nação, região, classe social ou grupo étnico. É verdade que a "alta cultura" foi desde sempre cosmopolita, mas a cultura popular só se tornou de fato global com a chegada de Charlie Chaplin.

Escrevendo sobre civilização, John Stuart Mill afirma que ela inclui

> ... a multiplicação de confortos físicos; o avanço e a difusão do conhecimento; o esfacelamento da superstição; as facilidades das relações mútuas; o abrandamento das maneiras; o declínio da guerra e dos conflitos pessoais; a progressiva limitação da tirania dos fortes sobre os fracos; as grandes realizações alcançadas ao redor do mundo por meio da cooperação das multidões...[12]

12 J.S. Mill, 'Coleridge' (1940), in F.R. Leavis (org.), *Mill on Bentham and Coleridge* (Cambridge: Cambridge University Press, 1980), p.56.

Mill lista em seguida alguns aspectos negativos, a começar pelo aumento da desigualdade entre ricos e pobres. Para Mill, portanto, a civilização parece recobrir o moral, o material, o social, o político e o intelectual, abrangendo assim o factual e o valorativo. Denota uma forma de vida avançada em termos materiais, geralmente urbana, ao mesmo tempo que sugere coisas feitas com estilo e sensibilidade. Em sentido descritivo, é civilizado vestir calças, mas, em sentido normativo, é mais civilizado ainda ser vestido por um subordinado ou não entrar no salão de visitas usando calças arregaçadas até os joelhos.

A proporção entre esses dois aspectos da civilização pode variar de um lugar a outro. Os Estados Unidos são comumente acusados de terem combinado prosperidade material a vulgaridade cultural, enquanto na Grã-Bretanha, um pouco pelo fato de ter mantido sua aristocracia, a afluência material é tradicionalmente mesclada a formas sociais polidas, engenhos de algodão com casas de campo. Henry James, o romancista norte-americano, se estabeleceu na Inglaterra em parte por achar que seria mais fácil escrever em um país com palácios reais e universidades ancestrais, ducados e debutantes. Fugindo da natureza "inventada" e "inorgânica" da América do Norte, ele descobriu na sociedade inglesa uma malha delicadamente tecida de "maneiras, costumes, usos, hábitos, formas" que poderia dar à sua arte uma textura mais rica.[13] A cultura no sentido de arte seria assim alimentada pela cultura no sentido de um modo de vida honorável, mesmo porque esse modo de vida tem algo de estético no estilo e no tom.

Mill escreve ainda:

> ... estamos acostumados a chamar de civilizado um país que nos parece mais desenvolvido; mais eminente nas melhores características do homem e da sociedade; mais avançado na estrada da perfeição; mais feliz,

13 Henry James, letter to W.D. Howells, in Percy Lubbock (org.), *Letters of Henry James*, vol. 1 (Londres: Macmillan, 1920), p.72.

> mais digno, mais sábio. É um dos sentidos da palavra civilização. Mas, em outro sentido, ela representa aquela espécie de desenvolvimento que distingue uma rica e poderosa nação de selvagens e bárbaros.[14]

Encontramos mais uma vez a distinção entre os sentidos normativo e descritivo da palavra. Talvez esteja sugerida a ideia de que toda civilização é perigosamente cindida, pois o primeiro sentido da palavra pode sempre ser tomado como um juízo em relação ao segundo. A civilização como progresso moral bate de frente com a civilização que castiga menores abandonados com uma vara ou coloca crianças para limpar chaminés. Ironicamente, as mesmas forças que possibilitam a prosperidade também ajudam a refinar nossas sensibilidades, tornando-nos mais vigilantes em relação às iniquidades atinentes a essa prosperidade. A sociedade capitalista industrial produz uma riqueza que cria instituições como museus e galerias de arte, universidades e editoras, que então têm condições de afrontar a ganância e o filistinismo dessa mesma sociedade. Nesse sentido, a cultura tem o papel de cuspir no prato em que comeu.

A palavra "cultura" era de início um sinônimo de "civilização", e continuou a sê-lo por algum tempo, até que passou a significar um conjunto de valores que colocam em questão a própria civilização. Robert J. C. Young chama a atenção para "o fato notável de que a noção de cultura se desenvolveu de modo a tornar-se sinônima à civilização ocidental e também sua antítese. Era tanto a civilização quanto sua crítica".[15] A cultura, como a civilização, envolve instituições materiais, mas também pode ser vista como um fenômeno principalmente espiritual, que permite portanto emitir juízos sobre atividades sociais, políticas e econômicas. Está menos submetida à utilidade do que a civilização, menos atada a considerações

---

14 John Stuart Mill, Dissertations and Discussions, vol. 2 (Londres: Parker, 1859), p.160.

15 Robert J.C. Young, *Colonial Desire* (Londres: Routledge, 1995), p.53.

pragmáticas. Por sua mera existência, a cultura constitui, neste sentido do termo, uma crítica da razão instrumental. Assim como "civilização", no entanto, pode ser neutra ou não. A expressão "cultura nazista" pode soar como um oxímoro, mas pode também significar o modo de vida dos nazistas, sem nenhuma implicação de aprovação. A frase "os nazistas detestavam cultura", no entanto, pode implicar que o que eles detestavam era digno de ser protegido deles. Cheirar cola pode ser cultural no sentido de ser parte de um modo de vida, embora não de um modo de vida louvável. A cultura no sentido de um corpo de obras artísticas ou intelectuais pode ser um termo descritivo, sem preços exorbitantes incluídos na implicação. Ou pode ser um termo avaliativo, em sentido negativo. Afinal, há muita arte ruim e muito pensamento mal desenvolvido. Também é possível ser altamente cultivado e moralmente pífio. O mais perfeito retrato do mal na literatura moderna, o Adrian Leverkühn de Thomas Mann, é um compositor magnífico.

É verdade que uma grande variedade de filósofos atribuiu um valor supremo à cultura no sentido de arte. Mas nem todo grande pensador o fez. Platão é hostil à arte por razões políticas, e expulsou os poetas de sua república ideal. O maior filósofo moderno, Immanuel Kant, purga a arte de todo seu conteúdo e a reduz a pura forma. Para Hegel, a arte moderna não mais poderia desempenhar o papel vital que teve no mundo antigo, e deve, assim, ceder seu espaço à filosofia. Jeremy Bentham, cuja filosofia utilitarista tornou-se a doutrina moral suprema da Inglaterra do século XIX, é um total filisteu quando se trata de questões estéticas. Os seguidores de Karl Marx defendem que a cultura artística costuma ser posta a serviço da hegemonia política, e deve, assim, ser tratada com algum ceticismo. Nietzsche considera a arte uma ilusão necessária. Schopenhauer também pensa assim, vendo a arte como cumpridora da função mais misericordiosa em um mundo de tormentos: escape. Os mais variados pensadores, do Futurismo à Escola de Frankfurt, censuram a arte por oferecer uma resolução imaginária de contradições reais.

Já sobre civilização, para muitos autores é mais uma questão de fato do que de valor – Thomas Hobbes, por exemplo, ou Jean-Jacques Rousseau, para quem a civilização representa o lamentável declínio de um estado de natureza mais benigno. O desdenho pequeno-burguês de Rousseau é atiçado por tudo o que é civilizado no sentido de maneiras e urbanidade, de delicadezas e formalidades no trato social. Para Voltaire, a história da civilização é a história de como os ricos se empanturraram à custa do sangue dos pobres. Para Kant, a discórdia social está nas origens da existência civilizada. Marx considera que o único progenitor da civilização é o trabalho. Ela nutre majoritariamente vergonha de suas origens, e, como o filho edipiano, tenta em vão desautorizá-lo. Para Marx, o trabalho é uma forma de intercurso com a natureza que dá à luz uma ordem social. Contudo, devido às condições opressivas em que o trabalho se desenvolve, a ordem que dele emerge é marcada por conflito e violência.

Em *O mal-estar na civilização*, Sigmund Freud vê a arte como uma forma sofisticada de fantasia e a civilização como uma batalha letal entre forças antagônicas. Ele não está nada convencido de que os esplendores da existência civilizada valem a culpa, repressão, sacrifício e desprezo de si que pagamos como preço por eles. A civilização exige que renunciemos à gratificação de nossos instintos, o que na visão de Freud nos afunda em um estado de "permanente infelicidade interna".[16] Tolstói tem as piores coisas a dizer sobre a arte e a existência civilizada. Walter Benjamin notoriamente considera a civilização como indissociável da barbárie. É uma visão antecipada por Jonathan Swift, que, em *A Tale of a Tub* [*A história de um tonel*] (seção XIII), observa o "quão próximas [na humanidade] as fronteiras entre altura e profundidade se avizinham". Para muitos na virada no século XIX para o XX, a civilização não passava de uma película. Abaixo da superfície, sombrias forças malignas nos aguardam, ameaçando sair

16 Sigmund Freud, Civilisation and its Discontents, org. e trad. James Strachey (Londres: Hogarth Press, [1930] 1961), p.89.

às claras a qualquer momento. Por trás da fachada de um cavalheiro inglês, há uma fera tresloucada. Pode-se chamar de "Síndrome de *O senhor das moscas*".

Pode parecer que a civilização é uma questão funcional e a cultura, não. Mas essa antítese é demasiado simples. A civilização contém muitos fenômenos que não têm nenhum fim definido, como Sarah Palin, criar cães da raça whippet ou produzir trinta diferentes marcas de pasta de dentes. A cultura, de sua parte, pode cumprir variados propósitos. Em muitas sociedades pré-modernas, ela está a serviço de uma gama de objetivos práticos. No sentido moral e artístico, ela nos ajuda a viver de forma mais abundante. Há uma diferença, porém, entre atividades que têm um objetivo externo e aquelas cujos fins são intrínsecos a elas. A palavra "práxis", que algumas pessoas ligadas à esquerda tomam equivocadamente como sinônimo de "prática", se aplica melhor a atividades que envolvem tais fins intrínsecos. Arte, esporte e jogar conversa fora em bares com os amigos têm uma razão de ser, mas essa razão não é extrínseca à própria atividade, como tricotar um capuz para assaltar um banco. Atividades como essas não levam a lugar nenhum. Não contam como realizações. Poucas pessoas mencionariam como habilitações pessoais, em um formulário de emprego, "se embebedar com os amigos". A questão chega até a ter uma dimensão teológica. A doutrina da Criação não trata de como o mundo começou, mas do fato de ele não ter razão de ser. Deus o criou porque quis, para servir ao seu próprio e eterno deleite. Ele poderia muito bem não ter feito mundo nenhum e, de Sófocles a Schopenhauer, há quem considere que teria sido uma opção mais prudente.

É um fato notável que muitas dentre as atividades humanas mais preciosas sejam também as mais desprovidas de propósito. Nem todas são assim, é verdade: alimentar os pobres e cuidar dos doentes são atividades elevadas, mas têm um objetivo. Já chutar uma bola, ter relações sexuais, brincar com seus filhos, cultivar crisântemos ou tocar clarinete têm pouco valor de utilidade, a não ser para os jogadores de futebol profissionais, atores de ópera, prostitutas, babás, jardineiros e musicistas, que fazem tais coisas profissionalmente. Essas atividades têm em si mesmas o seu bem, os seus fins, os seus motivos e razões e, nessa medida, têm uma afinidade com obras de arte. Nessa perspectiva, arte não é aquilo para o que vivemos, o que redundaria num tipo estéril de esteticismo, mas oferece-nos um modelo de como viver, um tipo bem mais interessante. Estetizar a própria existência, como veremos adiante no caso de Oscar Wilde, não é elaborar poses elegantes nos cantos dos salões ou recobrir o corpo com paetês, mas dedicar-se a ocupações como essas. Para Aristóteles, a virtude moral também tinha seu próprio fundamento em si mesma. É o que permite que homens e mulheres floresçam, mas nem sempre produz resultados externos como o sucesso mundano. Ser virtuoso pode levar a uma existência próspera e feliz, mas não é garantia disso. Um bom número de vítimas de assassinato é descrito por amigos e família como pessoas doces, alegres e cheias de promessa, repletas de amigos e prontas a tudo fazer pelos outros. Pessoas assim têm que tomar cuidado ao caminhar à noite. Não faltam moralistas deprimidos por aí, assim como há muitos chantagistas felizes e golpistas de sucesso. Os que buscam justiça podem pagar pelos seus esforços com a morte ou a prisão. A bondade, sob a forma de inocência, pode nos tornar presas fáceis. Em um mundo predatório, nem sempre é fácil distinguir a virtude da credulidade. Isso ajuda a explicar por que a palavra "virtude" tem algo de antiquado tanto quanto de imponente.

Ações que têm fins costumam ser realizadas em nome de coisas que não têm. Uma estudante que rabisca uma ideia em seu bloco de notas o faz porque isso pode ajudá-la na composição de um ensaio. Escrever um bom ensaio pode levá-la a obter uma nota maior, o que, por sua vez, incrementa o currículo e ajuda na obtenção de um emprego bem remunerado. Com mais dinheiro, ela poderá passar as férias no Caribe, frequentar teatros e restaurantes com amigos, ter uma vida mais rica e compensadora como um todo. Mas por que ela quereria fazer isso? Não há como responder a essa questão. As explicações precisam chegar a algum fim em algum momento.

Conta-se que anos atrás as autoridades de New Orleans decidiram dar nomes de figuras da mitologia clássica às linhas de bondes das cidades, como haviam feito com algumas ruas. Uma delas foi chamada de Clio, o que alguns habitantes pronunciavam "C.L.10". A expectativa deles é que os sinais marcados nos bondes sejam funcionais, não decorativos. O decorativo, no sentido de algo que seja um valor a mais do que a mera necessidade, é parte do que entendemos por cultura. Todas as crianças devem ter nomes, mas não precisam se chamar Placenta. Precisamos de cabelo para proteger o crânio, mas não precisamos pintá-lo de roxo. Pode ser, no entanto, que ir além da necessidade seja em si uma necessidade. Uma investigação interessante a respeito é oferecida pelo *Rei Lear* de Shakespeare. Faz parte de nossa natureza transcender a utilidade e deleitar-se com coisas que não têm utilidade prática: piadas, por exemplo, ou *chartreuse* verde. *Supérfluo* não necessariamente significa *sem valor*. Ao contrário, o que torna a vida digna de ser vivida não é, no mais das vezes, indispensável a ela de um ponto de vista biológico. Comida e bebida são essenciais biologicamente, e certamente são para algumas pessoas parte do que faz a vida valer a pena, mas qualquer coisa de comer ou beber irá servir para nos manter vivos. Não se jogar pela janela do décimo andar é essencial à sobrevivência biológica, mas não é o que dá sentido à vida. Seria uma perspectiva sombria a de uma vida cujo aspecto mais precioso é pensar que não nos lançamos das alturas para a morte. Observe-se, no entanto, que se há necessidades comuns a todas as culturas humanas (comida, sono, abrigo), nem todas as necessidades o são. Faixas de pedestres são necessárias em Manhattan, mas não no deserto de Kalahari. O que é essencial para você pode não ser para mim. Para a maioria de nós, viajar em jatos privados não é essencial à sobrevivência; para Madonna, provavelmente sim.

* * *

A palavra "civilização" se refere a um mundo que é de manufatura humana. Requer desfazer a natureza até o ponto em que já não encontramos à nossa volta praticamente nada que não seja um reflexo de nós mesmos. Seria difícil recapturarmos, em nossos dias, a novidade dessa espécie de ambiente se comparado às formas governadas pela natureza que o precederam. Sem dúvida a necessidade de nos liberarmos dessa espécie de narcisismo coletivo é uma das razões pelas quais a natureza retornou à cena de forma tão dramática em anos recentes. Um mundo onde quase tudo o que encontramos veio de nossas próprias mãos parece purgado de qualquer transcendência. Em vez disso, a realidade trata apenas de nossas necessidades e nossos poderes. Isso talvez explique por que o desejo é um tema vital da civilização ocidental, já que pode ser entendido como uma forma secularizada de transcendência. Não por acaso a lenda de Fausto é tão relevante para a mitologia do Ocidente. O desejo entalha um vazio na humanidade, obscurecendo a presença com a ausência e levando-nos, para além do dado, a tudo o que escapa ao nosso alcance. Nesse sentido, é um resumo da própria dinâmica da existência civilizada.

Podemos ver os diversos bens que o desejo almeja, mas o desejo enquanto tal é mais profundo que a representação. Ele se encontra no âmago de nosso ser, mas significa, ainda, aquilo que no eu é o seu outro incorrigível. Para a teoria psicanalítica, somos feitos quase inteiramente de desejo, que, no entanto, não tem nenhuma consideração por nós e muito menos pelo nosso bem-estar. Ao contrário, é tão impessoal quanto a luz da lua. E, como há sempre algum prêmio à nossa espera, o desejo significa uma espécie de infinitude, que foi chamada historicamente, entre outros nomes, de progresso. A transcendência não se encontra mais nos céus, mas no futuro. Mas, como os futuros são ilimitados, o desejo traz consigo uma perpétua insatisfação, reduzindo a cinzas os nossos cânones literários e constituições políticas. Ele significa uma falha no âmago da nossa realização, a errância de nosso ser, um espírito sem morada. A nos fiarmos por

Freud, a morte é o único objetivo que realmente poderia satisfazer o desejo. É essa a razão que fazia que Rousseau visse com tanto desgosto a maneira irrequieta que é própria da civilização.

A cultura também é feita pelo homem, embora o conceito derive da natureza. Tem uma afinidade com a palavra "agricultura", bem como com a palavra "*coulter*", a lâmina do arado. Um dos seus primeiros significados é o cuidado da terra ou dos animais domesticados, ou seja, do crescimento natural. Assim, nosso termo para as mais elevadas e urbanas atividades humanas tem humildes raízes rurais. A partir de uma alusão à lavoura cotidiana do campo, passa a significar os mais lindos frutos do espírito humano. Cultura é uma questão de preparar e nutrir. Como todo trabalho, reordena suas matérias-primas. No entanto, o cuidado com o crescimento natural reúne a ideia de moldar com a noção de espontaneidade. O crescimento em questão é orgânico, não é de origem humana, mas tem de ser regulado e refinado. Cultura envolve agência, mas também certa receptividade ao objeto, que guia a mão no esforço de dotá-lo de uma forma significativa. Assim, não é claro em que medida é consciente ou inconsciente o fenômeno da cultura. Voltaremos a essa questão.

Mas não é apenas o mundo que tem de ser refeito, também o eu, em um processo que os alemães chamam de *Bildung*. Seres humanos precisam se responsabilizar por si mesmos, moldar-se em uma forma, e, a partir de seus dotes naturais, criar algo rico e raro. Cultura é uma questão de completude, mas o cultivo de si requer uma espécie de divisão de si mesmo, tornar-se artista e artefato em um só corpo. Segundo essa teoria, o eu nos foi confiado, um conjunto de capacidades cujo pleno desenvolvimento é um dever moral. É como se tivéssemos recebido um precioso filhote do qual é nosso dever sagrado cuidar até que ele atinja a maturidade. O objetivo da existência humana é a realização de si mesmo. O eu é um projeto, uma tarefa a ser realizada, uma obra em progresso. Mas, se deve ser tão intensamente cultivado quanto um pé de repolho, isso não sugere que, em seu estado natural, deixa algo a desejar? Talvez exista aqui a sugestão de que o eu, em seu estado comum, nos deixa alarmados perante sua imperfeição e, nesse caso, pode ser que a ideia de cultura tenha um subtexto sombrio e perturbador. Os materiais que temos à disposição são irremediavelmente defectivos. Deixada a si mesma, a natureza não irá nos redimir. Ela fomenta forças destrutivas bem como regenerativas, e um dos problemas da cultura é como aplacar as primeiras sem enfraquecer as últimas. A cultura deve preservar o vigor e frescor do natural no mesmo ato em que tolhe seu elemento perturbador. A obra de arte é um paradigma desse processo, pois alia a vitalidade do conteúdo a uma unidade de forma, fundindo assim disciplina e espontaneidade. Na teoria romântica, as energias exuberantes da obra de arte estão sempre a ponto de abalar as restrições formais, mas, por um milagre de tato ou reticência, acabam contidas. Talvez a cultura no sentido de forma de vida devesse se pautar pela cultura no sentido de arte. Talvez a razão da existência humana seja cada um fazer de si mesmo uma obra de arte. É certamente o que pensava Oscar Wilde, como veremos.

O fato de *sermos capazes* de melhorar a nós mesmos sugere que o eu carrega em si poderes de criação; que *tenhamos de fazê-lo*, no entanto, já parece uma história menos otimista. A cultura torna-se então a versão secular da graça divina. A natureza humana é acolhedora a isso, assim como aberta à graça no caso dos cristãos, o que mostra que ela não é inteiramente corrupta; ainda assim, precisa da cultura ou da graça para realizar-se e transcender a si mesma. E sempre há aqueles, como diz Próspero sobre Calibã, cujas naturezas permanecem imunes ao cultivo. Pois o fato de que a natureza humana esteja aberta à cultura ou à graça não significa que esse tesouro nos está automaticamente garantido. Como veremos, dentre esses tipos não recriados encontra-se a classe operária industrial do século XIX.

2
Preconceitos pós-modernos

Para alguns pensadores pós-modernos, o florescimento de múltiplas culturas é um fato e um valor. Por esse ponto de vista, a existência de diversas formas de vida, da cultura gay à cultura da moda, da cultura do karaokê à cultura Sikh, da cultura burlesca à cultura dos Hell's Angels, é um fato a ser celebrado. Trata-se, no entanto, de um equívoco. Na verdade, é um lugar-comum típico da discussão atual. Para começar, diversidade e hierarquia são perfeitamente compatíveis. Além disso, não é certo que a cultura dos Hell's Angels mereça aprovação incondicional. Em todo caso, a diversidade não é em si mesma um valor. Não é autoevidente que seria melhor haver cinquenta de algo em vez de apenas um. Que se pense, por exemplo, na existência de partidos neofascistas. Ninguém precisa de seis mil marcas diferentes de cereal matinal. Pode parecer ilógico haver somente uma comissão antitruste, mas se houvesse mais, seria confuso. Provavelmente não é uma boa ideia ter quatrocentos nomes profissionais. É impossível ter mais que uma mãe biológica ou mais que um par de orelhas. Que seja assim não é um defeito, muito menos uma tragédia. Ter uma rica diversidade de cônjuges pode, ocasionalmente, gerar alguns problemas. Tampouco se vê qual a vantagem de uma plêiade de autocratas. Às vezes, a solidariedade é mais importante que a diversidade. Não foi a diversidade que pôs de joelho o regime de apartheid da África do Sul, e a pluralidade não derrubou os regimes neoestalinistas da Europa do Leste. Certo, também nem toda solidariedade é positiva. Mas a falta pós-modernista de entusiasmo por essa ideia, juntamente com o pressuposto leviano de que todas as formas de unidade são "essencialistas", é a marca inequívoca de um caráter pós-revolucionário. Em termos étnicos, a diversidade é um valor positivo, mas nem por isso devemos ignorar o papel dessa ideia na ideologia do consumismo.

Os apóstolos pós-modernos da pluralidade deveriam ser mais pluralistas com essa noção. Fariam bem em abandonar o dogma formalista de que ela deve ser glorificada a todo momento e por toda parte, independentemente de seu conteúdo. Talvez então reconhecessem, num espírito mais pragmático, que a diferença e a diversidade às vezes são boas, às vezes não. Um teórico pós-moderno norte-americano escreveu anos atrás sobre a necessidade de diversificar as classes sociais, como se a existência de uma nova ninhada de aristocracias em posse de mais alguns milhares de hectares de terra constituísse por si mesma um ganho inequívoco. Ser mais diversos perante a diversidade e reconhecer que a diferença difere de si mesma dependendo do contexto representaria para tais pensadores uma verdadeira revolução. Também poderiam ser menos taxativos com a ideia de alteridade, que a maioria deles afirma sem reservas. Algumas formas de alteridade devem ser estimadas, outras não (por exemplo, uma gangue de traficantes que se apossa de um conjunto habitacional). Não há nada de irracional em de vez em quando ter medo dos outros. Pode ser que não tenhamos ainda descoberto se as suas intenções são amigáveis ou hostis. É preciso ser dado a sentimentalismos para imaginar que estranhos devem ser sempre tomados a peito. Alguns desses estranhos são conhecidos como colonialistas.

A maioria dos teóricos da cultura acredita não somente na pluralidade das formas de vida, mas também na mistura híbrida entre elas. A forma híbrida pode merecer ser cultivada em se tratando de questões étnicas, mas não é uma regra universal. Não há mal em haver uma organização política composta por jacobitas, psicopatas, observadores de OVNIs e adventistas do sétimo dia. É só que eles jamais chegarão a lugar nenhum. Como mostra Marx, nunca houve na história da humanidade um modo de produção tão híbrido, tão diverso, inclusivo e heterogêneo quanto o capitalismo, que erodiu fronteiras, destruiu polaridades, fundiu categorias fixas e mesclou promiscuamente uma diversidade de formas de vida. Nada é tão generosamente inclusivo quanto a mercadoria, que, com puro desdém pelas distinções de ordem, classe, raça e gênero, se acomoda a qualquer um, desde que tenha meios de adquiri-la. O capitalismo é um inimigo tão resoluto da hierarquia quanto os estudos culturais. Há lugar para todos, exceto para aqueles cuja posição política possa comprometer a própria estrutura em que ocorre a inclusão. Na Grã-Bretanha, há intenção de tornar o Serviço Nacional de Saúde (NHS) híbrido, misturando provisão médica privada e saúde pública. Presume-se que os defensores das "formas híbridas" como bens em si próprias apoiem medidas como essas. O Partido Republicano norte-americano é uma organização híbrida, que inclui tanto liberais quanto membros do Tea Party, fato certamente positivo para aqueles que pensam que a diferença e a diversidade são indubitavelmente boas. Sem os republicanos que creem que Barack Obama é um membro da Irmandade Muçulmana e que a Al Qaeda é um ramo da CIA, o partido seria, sem dúvida, e lamentavelmente, mais uniforme.

Mas nem toda uniformidade é perniciosa. A unidade e o consenso não precisam ser demonizados como "essencialistas". Ao contrário, seria bom que houvesse mais. É verdade que, para fazer um mundo, é preciso todo tipo de gente, mas seria interessante que essa diferença se unisse pela abolição da prostituição infantil ou contra a decapitação de civis em nome de Alá. Em questões como essas, precisamos de unanimidade, não de variedade. Um ditado inglês, tão verdadeiro quanto qualquer outro, diz que o mundo seria estranho se todos pensássemos do mesmo jeito. Sem dúvida, o mundo seria um pouquinho mais tedioso se todos fôssemos contra a pena de morte, mas seria um preço pequeno a pagar para a redução do excesso de cadáveres. Solidariedade não precisa significar a obliteração das diferenças. Além disso, algumas diferenças merecem ser obliteradas, como a desigualdade entre mendigos e banqueiros, por exemplo.

O fato de alguns serem a favor do acolhimento a imigrantes enquanto outros prefeririam afundar seus botes com rajadas de balas não é um exemplo muito edificante de diversidade humana. Não há razão para valorizar diferentes pontos de vista só porque são diferentes. Se os que defendem que cross-dressers deveriam ser jogados aos crocodilos se sentem "abusados" (termo pós-moderno) quando são confrontados com veemência, tanto pior para eles. Não se deve respeitar uma opinião só porque alguém a defende. Praticamente todos os pontos de vista ofensivos possíveis são defendidos por alguém, em alguma parte. Alguns africâners de direita acreditavam piamente que Nelson Mandela era o mal encarnado.

Groucho Marx certa vez disse que relutaria em ser membro de um clube que aceitasse pessoas como ele, e ninguém em sã consciência aceitaria ser parte de um clube administrado por criminosos de guerra. A princípio, não há nada de errado com a exclusividade. Proibir que as mulheres dirijam carros é abominável, mas impedir que neonazistas sejam professores, não. O discurso dos estudos culturais é flagrantemente exclusivista: trata de sexualidade, mas não de socialismo; de transgressão, mas não de revolução; de diferença, mas não de justiça; de identidade, mas não de pobreza. Estudantes "politicamente corretos" proíbem que racistas e xenófobos discursem nos câmpus universitários, mas nem sempre se preocupam com exploradores de mão de obra barata ou com políticos que abominam sindicatos. Esses censores autoproclamados gostam de louvar a marginalidade, sem considerar que seria bom que muitos dos que hoje são marginais permanecessem assim (dentre os quais, por exemplo, assassinos seriais e líderes psicopatas de cultos religiosos). Algumas formas de vida não apenas são inúteis, como deveriam ser banidas energicamente: redes de pedófilos, ou homens que traficam e escravizam jovens mulheres. E nem todas as minorais devem ser abraçadas com entusiasmo. A classe dominante é uma delas; uma outra é formada por pessoas que cortam pedaços de outras e se alimentam delas. A afirmação acrítica das margens e minorias costuma ir de par com a suspeita em relação a consensos e maiorias. Isso porque o pós-modernismo é jovem demais para se lembrar de um tempo em que os movimentos políticos de massa abalavam o Estado com muito mais força do que qualquer margem ou minoria é capaz de fazer. Tampouco se dá conta do quanto suas opiniões políticas são moldadas por sua própria história política, ou melhor, pela ausência dela.

A preocupação com o pluralismo, a diferença, a diversidade e a marginalidade trouxe alguns ganhos preciosos. Mas também serviu para deslocar a atenção de muitas questões materiais urgentes. Na verdade, para alguns, a cultura tornou-se um jeito de não falar sobre o capitalismo. A sociedade capitalista relega porções inteiras de cidadãos a raspar as sobras, mas toma todo o cuidado para não ofender suas crenças. Em termos de cultura, todos seremos igualmente respeitados, mas, em termos de economia, o vão entre os clientes de bancos de alimentos e os de bancos de ações se torna cada vez maior. O culto da inclusividade ajuda a mascarar as diferenças materiais. O direito de se vestir, de cultuar ou de transar como se queira é sagrado, mas o direito a um salário decente é recusado. A cultura não reconhece hierarquias, mas o sistema educacional é perpassado por elas. Ter um sotaque específico não é obstáculo para ser apresentador de televisão, ser trotskista, sim. A lei proíbe o insulto a minorias étnicas em público, mas não o insulto aos pobres. Qualquer adulto é livre para dormir com qualquer outro que não seja consanguíneo a ele, mas não é livre para questionar o poder do Estado. Os progressistas nas grandes metrópoles veem os libertinos com simpatia, mas tratam os grevistas como suspeitos. A diferença é bem-vinda, o conflito aberto, não. Ninguém deveria ter o direito de dizer aos outros o que fazer, como aliás diriam os sonegadores de impostos.

É insincero elogiar a diversidade cultural sem dar conta do terrível custo que ela acarreta. Se o mundo fosse habitado exclusivamente por gays da Malásia, com um ou outro malaio hétero para manter as coisas no eixo, seria sem dúvida um mundo mais monocromático. Mas certamente seria também um mundo menos sanguinário. É verdade que homossexuais malaios poderiam se dividir em facções tão rapidamente quanto os alunos de *O senhor das moscas*. Uniformidade não é garantia de vida tranquila. Mas os conflitos que então se seguiriam provavelmente não se comparariam ao ruído de discórdias que tem sido, até hoje, a trilha sonora da humanidade, em grande parte graças aos antagonismos étnicos, nacionais e culturais. G. M. Hopkins celebra o que chama de natureza "malhada e sarapintada" das coisas, mas não menciona seu subtexto mais sombrio.

Não se deve menosprezar "a sensação inebriante do que é vário", de que fala Louis MacNeice. Mas tampouco deve-se torná-la absoluta. Um dos problemas dos conceitos de diferença e hibridez é que eles tendem a recusar o conflito. E o conflito pode ser essencial para superar diferenças indesejáveis. O castanho e o avermelhado são diferentes, mas não mutuamente excludentes. Não poderíamos discordar acerca de uma afirmação se cada um de nós estiver entendendo-a de forma distinta. A teoria da cultura corre o risco de nos privar das dificuldades próprias da hibridez e da pluralidade. Dá atenção aos traços angelicais e apaga os demoníacos. Os artistas modernistas que trocaram seu solo nativo por um estilo de vida mais cosmopolita, misturando-se a colegas em um café poliglota, sentiram a vertigem de uma emancipação. Mas também se sentiram deslocados, desenraizados e infelizes. Algum grau de identidade e estabilidade é essencial à vida humana.

A desorientação permanente não é uma posição política, independente do que Gilles Deleuze possa pensar.

* * *

Em resposta a uma ordem social em que a cultura parecia onipresente, teóricos pós-modernos adotaram a partir da década de 1980 a doutrina do culturalismo, que toma a cultura como a essência das coisas humanas.[1] Uma suspeita sombria recaiu sobre tudo o que se referia a natureza, ironicamente, no mesmo momento em que o ambientalismo se articulava. Sempre que a palavra "natureza" ocorre em contexto pós-moderno é, geralmente, de maneira envergonhada, entre aspas. Os seres humanos não são mais vistos como animais naturais, feitos de uma matéria, com necessidades e capacidades comuns a eles como espécie; em vez disso, são criaturas pura e simplesmente culturais. Apontar os traços vitais que eles compartilham em virtude de sua humanidade comum seria suprimir a diferença cultural em nome de um universalismo espúrio. Questões econômicas e políticas foram reformuladas como culturais. Naturezas e essências foram liquidadas, pois, supôs-se, congelariam as coisas em formas inalteráveis. A doutrina do antiessencialismo foi saudada como inerentemente radical, apesar de ter seus fundamentos na obra de pensadores resolutamente contrários à esquerda.

A mudança se tornou positiva em si mesma, como se trocar o seu filho por um carro velho e amassado fosse motivo para se felicitar. No ambiente do capitalismo avançado, tudo se tornou plástico, provisório, mutável, maleável, descartável; e a cultura, pasmem, seria ainda mais flexível que a natureza. A intratabilidade da cultura – o

---

1 Um expoente paradigmático do culturalismo é o filósofo Richard Rorty. Ver, em particular, *Philosophy and the Mirror of Nature* (Princeton, NJ: Princeton University Press, 1979) e *The Consequences of Pragmatism* (Minneapolis: University of Minnesota Press, 1982).

fato de que é muito mais fácil mover montanhas do que erradicar o sexismo – foi convenientemente subestimada. A obtusa tenacidade de certos hábitos culturais foi posta de lado. Nesse clima, tudo o que seja dado, como o corpo, por exemplo, é motivo de escândalo. A carne humana tornou-se um material a ser disciplinado, torturado, revestido, inscrito e remoldado. As regiões do globo que oferecessem alguma resistência à hegemonia ocidental também teriam de ser refeitas, num aspecto mais agradável para os Senhores do Universo.

O preconceito de que tudo no universo é cultural, incluindo sangramento, Mont Blanc e falência do fígado, costuma ser acompanhado pelo relativismo cultural. Esse tipo de relativismo nega a existência de verdades ou valores universais. Em vez disso, essas proposições, incluindo as morais, são relativas a uma forma de vida específica. Difícil saber é se essa própria afirmação não seria culturalmente relativa. A ideia geral é que, em vez de condenar os colecionadores de cabeças-troféu, devemos tentar entendê-los, situando tais práticas em contextos culturais. Mas situar um evento em seu contexto pode aumentar ainda mais a reprovação a ele, em vez de diminui-la. Além disso, se toda ação, uma vez situada em um contexto cultural, torna-se aceitável, isso se aplica também ao nosso comportamento. Colonizar outras nações, realizar guerras em escala global e envenenar o planeta são ações típicas de nós, ocidentais. Cultivamos uma tradição milenar de invadir países alheios, contestada, é verdade, por alguns radicais; mas, como parte dessas mesmas pessoas à esquerda também considera o conceito de verdade objetiva como um complô opressor universal, não há nada que os faça levar muito a sério seus protestos contra essas práticas. Do mesmo modo, seria muita ingenuidade, em termos epistemológicos, imaginar que a afirmação de que homens e mulheres foram transportados, acorrentados, através do Atlântico, corresponderia a "fatos". Observe-se ainda que aqueles que se sentem horrorizados diante do tráfico de pessoas escravizadas pressupõem que suas vítimas teriam sentido o mesmo; mas por que insistem em universalizar dessa maneira as suas próprias convicções, projetando-as com arrogância a indivíduos com outras escalas de valor? Por que excluir a possibilidade de que membros de outras culturas poderiam gostar de ser sequestrados e de trabalhar até a morte? Não estaríamos suprimindo diferenças e pressupondo uma natureza humana universal ao descartar essas hipóteses?

Alguns de nossos súditos coloniais poderiam ser da opinião de que ao longo do tempo infligimos a eles uma série de atrocidades; mas um relativista cultural mais descarado poderia argumentar que isso só vale do ponto de vista deles. É uma opinião condicionada pela sua cultura, tão relevante quanto outros pontos de vista, e, assim, colonialistas convictos poderiam perfeitamente repudiá-la. É apenas uma história. Não existe lugar neutro a partir do qual pudéssemos fazer a mediação entre essa narrativa sombria e nossas gloriosas histórias imperiais, pois a neutralidade, o agir desinteressado e a objetividade não passam de ilusões ideológicas. Portanto, assim como não podemos censurar outras nações, elas tampouco podem nos repudiar. Além disso, ditar a outras culturas o que elas podem ou não fazer é um exemplo perfeito de supremacismo étnico. A verdade é apenas o que uma pessoa ou grupo diz que é verdade, o que faz sentido a partir de sua própria perspectiva. Algumas pessoas afirmam que o tráfico de escravizados foi um crime contra a humanidade, outras insistem que suas vítimas foram as únicas culpadas por ele: que direito divino nos permite decidir entre essas opiniões? Para tanto, não teríamos de recorrer a um ponto de vista ilusório, a uma verdade supostamente absoluta? Mas, como todos sabem, a adoção de um ponto de vista onisciente é o único jeito de ter certeza de que a tortura infantil é indesejável. Margarita Simonyan, a diretora de programação de uma das redes de televisão oficiais do Kremlin, afirma que não existe verdade, apenas uma variedade de narrativas e interpretações. Afirmar que Vladimir Putin tem o hábito de assassinar seus oponentes pode ser atraente para a composição de uma narrativa, mas não devemos ser ingênuos a ponto de confundir essa afirmação com uma verdade. Em tais lugares, os dissidentes são violentamente oprimidos; mas não em sentido "objetivo".

O relativismo cultural é uma posição insustentável. Somente racistas acreditam que é certo estuprar em Bornéu mas não em Brighton. Não há nada de elitista ou hierárquico em defender que alguns pontos de vista são mais corretos ou verdadeiros do que outros. Como observou certa vez o filósofo Richard Rorty, não há por que entrar em uma discussão com alguém que pensa que uma visão sobre uma questão em particular é tão boa quanto qualquer outra. É verdade, os que advogam o relativismo cultural o fazem pelas razões mais admiráveis. Eles relutam em tornar os seus valores absolutos, e permanecem abertos a outras formas de vida. Mas e se esta tolerância não for parte do meu modo de vida? Estariam abertos a isso também? Quem poderia dizer que a minha convicção de que a tolerância é uma falácia está errada?

Para a maioria dos culturalistas, a crença de que há fundamentos universais da existência humana é ilusória. Culturas se sustentam por si mesmas. Não repousam em algo mais fundamental, como Deus, Espírito, matéria, natureza humana, força vital, dialética, marcha da história ou estrutura do cosmos. E mesmo que alguma dessas pesadas infraestruturas se encontre em suas raízes, cada cultura (assim dizem) as concebe à sua maneira, e, assim, elas não poderiam ser universais. Mas isso significa apenas que a cultura se tornou o novo fundamento. Ver tudo como relativo à cultura é tomar a própria cultura como um absoluto. Agora, a cultura é o estrato último, no lugar de Deus, da natureza ou do eu. Ir além dela é fazê-lo por meios culturais (conceitos, métodos, técnicas de investigação etc.), o que significa, então, não ir além.

E, no entanto, existe algo mais profundamente enraizado do que a cultura: as condições materiais que a tornam possível e necessária. Se os seres humanos dão origem a culturas, é porque são animais materiais e de uma espécie peculiar, e é também por essa natureza material que precisam fazê-lo. Todos os homens e mulheres nascem prematuramente. No momento em que deixam o útero são incapazes de sobreviver por si mesmos e, se não fosse pela cultura, no sentido do estabelecimento de sistemas de nutrição e cuidado, morreriam muito rapidamente. Nesse sentido mais amplo do termo, a cultura é crucial à nossa sobrevivência, em contraste com criaturas como potros ou bebês de girafa, por exemplo, que, desprovidas de cultura, logo que nascem se põem em quatro patas e começam a marchar, tranquilamente. A cultura não é idêntica à nossa natureza, como querem os culturalistas, mas, isto sim, algo *da* nossa natureza. É parte do que Marx chama de "ser genérico". Em virtude do ser da espécie, somos capazes de executar formas complexas de trabalho e de comunicação, que constituem a base do que chamamos de cultura ou civilização. Também precisamos desse trabalho e dessa comunicação para a nossa sobrevivência. Castores e esquilos se relacionam com seu meio de maneira direta, com o corpo; os humanos, ao contrário, têm corpos que lhes permitem se estender pela superfície do globo. Se é uma razão de êxito, é também de catástrofe.

Há outro sentido em que a cultura não é a base comum da humanidade. Para construir uma cultura no sentido de clubes de tênis, hortas medicinais, alta gastronomia, estações de rádio e assim por diante, é necessário gerar um ganho econômico. A cultura, nesse sentido da palavra, não pode florescer em sociedades à beira da escassez material, embora elas tenham cultura no sentido de língua, parentesco, ritos, convenções e outros procedimentos para lidar com as coisas de modo organizado. Pessoas que têm de investir a maior parte de sua energia na própria sobrevivência não têm nem tempo nem recursos para promover festas regadas a xerez ou escrever poemas épicos. Uma casta profissional de artistas e intelectuais só se torna possível, como reconhece Marx, quando nem todos têm de trabalhar a maior parte do tempo. Apenas então é que se pode estabelecer a divisão do trabalho em plena escala, que libera alguns indivíduos privilegiados das penas da labuta para que se tornem bardos, xamãs, caciques, filósofos, superintendentes, arcebispos, disc jóqueis, duquesas e assim por diante. Portanto, a cultura é condicionada materialmente. Nesse sentido, está longe de ser a última palavra. É o fruto não apenas do trabalho, mas da exploração e da infelicidade. "Quanto sangue e crueldade não estão nas raízes das *coisas boas*!", exclama Nietzsche[2] – que julgava tudo isso perfeitamente aceitável, quando produz o Parthenon ou gênios como ele mesmo.

* * *

Ludwig Wittgenstein argumenta nas *Investigações filosóficas* que o simplesmente *dado* são o que ele chama de "formas de vida", e que nós chamaríamos de cultura. Formas de vida são dadas no sentido de que não têm justificativa racional. Não existe uma razão para que se utilizem hieróglifos em vez de um alfabeto ou que se cumprimente alguém esfregando-se os narizes em vez de apertando-se as mãos. Essas coisas são o fundamento de si mesmas. Wittgenstein observa que, quando um argumento se dirige a elas, é como se a pá atingisse o fundo e tivéssemos de parar de cavar. Nem tudo precisa de uma explicação, e nem toda explicação precisa ser respaldada por um princípio fundamental. Nesse sentido, certos jeitos de fazer as coisas estão fora de questão, e certos juízos sobre elas, também. Há um porquê de ser cliente VIP, pois evitam-se filas na hora de embarcar. Mas não há um porquê de ser japonês, por exemplo. Isso não torna alguém superior a um iraniano, assim como não se poderia dizer que a gramática do páli tem esplendores desconhecidos da portuguesa. Ser japonês não é um feito. Os japoneses ganham prêmios, mas não os ganham por serem japoneses. Nesse sentido, as formas de vida são um dado.

Se nos perguntarem por que celebramos aniversários ou medimos distâncias em milhas, a resposta, diria Wittgenstein, seria "pois é assim que fazemos". Isso não significa que algumas dessas coisas

---

2 Friedrich Nietzsche, On the Genealogy of Morals, in Walter Kaufmann (org.), *Basic Writings of Nietzsche* (Nova York: Random House, 1968), p.498.

não sejam mais vantajosas que outras. Se não medimos a distância usando como unidade o comprimento de uma cobra píton, é porque seria horrivelmente complicado. Precisaríamos de um número inconveniente de dígitos para registrar a distância entre a Terra e Júpiter. Mas não há por que preferir milhas a quilômetros ou placas de estrada verdes a azuis. Esses costumes não são racionais, o que não significa que sejam irracionais. Não se pode dizer que são certos ou errados, da mesma forma como não se pode dizer que está errado usar um verbo ao fim de uma frase em alemão.

Nesse sentido, o argumento de Wittgenstein parece ecoar certos preconceitos pós-modernos. Mas não é o caso. Ele não hesitava em emitir juízos severos acerca de hábitos culturais. Para começar, o fato de uma prática ser dada, sem nenhuma justificação racional, não significa que ela deva ser endossada. É o caso do costume de usar gravata na mesa dos convidados de honra de Cambridge, frequentada por Wittgenstein, que, no entanto, considerava-o ridículo e se recusava a obedecê-lo. Pode haver boas razões para querer que certos eventos sejam formais, mas não se pode explicar por que uma gravata em volta do pescoço, mais do que uma corda no tornozelo, produza esse efeito. Podemos ter razões para rejeitar algo que existe sem ter razão. O fato de que há convenções e procedimentos que se encontram para além de toda crítica ou justificação não autoriza que todas as nossas práticas sejam assim, assim como o fato de a gramática de uma língua estar além de crítica ou justificação não significa que toda e qualquer proposição que ela produza seja inquestionável. Os que gostam de diferenças fariam bem em notar a distinção entre hábitos culturais que consideraríamos praticamente impossível abandonar, como o de imaginar que o futuro está à nossa frente, e práticas que não se encontram nessa mesma categoria, como a mutilação dos órgãos genitais femininos ou a fabricação de armas químicas. Wittgenstein não era fã do mundo moderno e não perdia uma oportunidade para mostrar seu desdém aristocrático por ele. Nesse ponto, conseguiu um feito notável: rejeitar a modernidade de classe média à esquerda e à direita.

Ladrões armados que são presos pela polícia não dizem coisas como "mas isso é o que eu faço". É verdade que alguém que cresceu numa cultura que não conta além do número sete não teria como não chancelar esse costume, mas nenhuma cultura aceita que alguém estrangule outra pessoa só porque tem vontade de fazê-lo. Ninguém poderia justificar a escravidão sexual das mulheres como sendo um componente essencial de sua cultura. Seria o mesmo que alegar que o que alguém faz é aceitável só porque tem o hábito de fazê-lo. Isso não vale como defesa. O fato de que é impossível questionar a existência da gramática de uma língua não significa que não se deva protestar contra o uso dessa gramática como ferramenta de ofensa racial.

Mesmo assim, ser crítico de uma cultura implica aceitar algumas de suas componentes. Só podemos censurar o presidente por favorecimento descarado pressupondo que pessoas de destaque podem ser tão corruptas quanto as comuns. Mas é possível imaginar uma forma de vida para a qual esse pressuposto fosse ininteligível. Em termos gerais, para Wittgenstein nem tudo pode ser questionado à vontade a todo momento. Para elaborar uma crítica, é preciso utilizar certas categorias aceitas como dadas, assim como a dúvida só é possível sobre o pano de fundo de certezas reconhecidas. Não se pode duvidar de que as chaves do carro estejam na mesinha de entrada da casa sem pressupor a existência de objetos físicos, que podem ser transportados de um lugar para outro, que não se movem espontaneamente e assim por diante. Uma dúvida formulada fora desse contexto, como a de Descartes, que alegava duvidar de tudo, simplesmente não teria força. Seria como um dispositivo na máquina da linguagem que não interagisse com os demais. É impossível ser cético a respeito de tudo. O que não significa acreditar em qualquer coisa.

3
O inconsciente social

Vimos que para Wittgenstein qualquer forma de vida tem aspectos que devem ser considerados dados. Não é uma questão de complacência. Para protestar contra ataques racistas, por exemplo, deve-se tomar como certo que a cor da pele não é um símbolo de inferioridade. Convicções desse tipo podem, é claro, ser explicitamente formuladas, e às vezes precisam sê-lo; mas muitas de nossas crenças existem em uma forma incipiente, que poderíamos chamar de *inconsciente social* – esse vasto repositório de instintos, preconceitos, platitudes, sentimentos, opiniões formadas e suposições espontâneas que sustentam nossa atividade cotidiana e que raramente questionamos. Na verdade, algumas dessas suposições são tão profundas que provavelmente não poderíamos questioná-las sem alguma mudança importante em nosso modo de vida, o que as tornaria totalmente perceptíveis pela primeira vez. Elas incluem a crença de que uma guerra nuclear global não seria particularmente agradável, embora não a "crença" de que os seres humanos morrem, já que não poderíamos chamar de crença algo que não temos como negar. É possível acreditar que a malha ferroviária inglesa é administrada pelos cavaleiros templários, mas não acreditar que você tem mais que duas mãos.

Este inconsciente social é o que entendemos por cultura. É irônico que seja assim, dado que cultura no sentido de artes e trabalho intelectual está entre as atividades humanas mais finamente conscientes. A cultura, portanto, parece ser mais intensamente autoconsciente do que a maioria das coisas que fazemos, e, ao mesmo tempo, também muito menos. No último sentido da palavra, ela constitui a cor invisível da vida cotidiana, a textura encoberta da nossa existência cotidiana, muito próxima do globo ocular para ser totalmente objetivada. É isso que Lacan chama de "o Outro", que significa o contexto não totalizável dentro do qual toda a nossa fala e comportamento adquirem um sentido. É um contexto que nos constitui a tal ponto que, na maioria das vezes, permanecemos alheios às suas operações. Na verdade, se tentássemos a todo instante investigar o seu funcionamento, provavelmente deixaríamos de agir, assim como ficaríamos sem palavras se estivéssemos conscientes, no momento da enunciação, das estruturas gramaticais que nos permitem falar. De forma semelhante, Freud vê o ego como cego em relação a boa parte do que o compõe. O que o torna viável deve necessariamente estar ausente dele. Ele emerge apenas por meio de uma repressão dolorosa dos processos que o constituem, um trauma do qual nunca irá se recuperar por completo. Ninguém consegue superar por inteiro a catástrofe primordial conhecida como "infância". Uma razão para essa falha é que os seres humanos são animais sexuais, e a sexualidade é onde somos mais infantis, não onde somos mais maduros.

Por estranho que possa parecer, algum grau de repressão é na verdade positivo. A cegueira em relação a nós mesmos e uma espécie de amnésia redentora são o que nos permite florescer, para Freud assim como para Nietzsche. Um excesso de repressão com certeza nos fará mal. Podemos adoecer de desejo não correspondido – é o que Freud conhece como neurose –, o que em certa medida aflige a todos nós. Para Freud, o animal humano é um animal doente, mesmo que estejamos doentes de maneiras que são tão produtivas quanto debilitadoras. Podemos nos dedicar a uma autorreflexão. Pensar criticamente sobre a própria situação é parte da maneira como os seres humanos, ao contrário das tartarugas, estão ligados ao mundo. Isso não significa permanecer em algum ponto arquimediano ilusório, como alegam vários pensadores (Richard Rorty e Stanley Fish entre eles) que desejam lançar em descrédito a ideia de uma crítica radical. Mas, na visão de Freud, essa autorreflexão não é suficiente para nos salvar. Ninguém jamais foi curado de sua neurose por compreender a própria psique. De fato, é mais provável que isso seja parte do problema e não da solução. Há um ponto cego no cerne do sujeito que é constitutivo dele, mas que nunca poderia ser trazido à consciência por meio de uma simples autorreflexão. Seria como tentar se erguer puxando os próprios cadarços ou tentar se ver vendo algo. Por isso, a terapia psicanalítica é, afinal, uma questão de fazer em vez de dizer. A cena da análise é um teatro, uma projeção, uma performance dramática, e não uma questão de teoria.

Para Marx, essa cegueira em relação a si mesmo também se aplica à sociedade de classes. Todos os processos sociais mais vitais, como ele diz n'*O Capital*, ocorrem "pelas costas" dos agentes envolvidos neles. Pode-se chamar isso de inconsciente político: o significado da ação de alguém para si mesmo não é idêntico ao seu significado para o Outro, no sentido do campo da linguagem ou do sistema social como um todo. Você pode se considerar um senhor feudal compassivo, sensível às necessidades de seus servos, mas isso é principalmente uma maneira de racionalizar seu status privilegiado. A verdade das ações de alguém está situada no Outro, na região da significação, e não em suas intenções ou experiência. É como se a ação ocorresse em um lugar e o seu significado fosse dado em outro. Se o verdadeiro significado do que fazemos fosse aparente para nós, veríamos a necessidade de mudar nosso comportamento. O que impede que isso aconteça, na visão de Marx, é a ideologia. É por meio da ideologia que elaboramos interpretações do nosso comportamento que servem para desviar ou disfarçar o seu verdadeiro significado, de modo que o que fazemos e o que dizemos que fazemos estão estruturalmente em desacordo um com o outro.

Ideologia é não o mesmo que cultura. Vimos que cultura, em um dos sentidos do termo, é uma questão de valores e práticas simbólicas, enquanto ideologia denota aqueles valores e práticas simbólicas que servem à manutenção do poder político. Entre os dois, cultura é o conceito mais amplo, e muito do que ele contém pode ser ideologicamente inocente, pelo menos na maior parte do tempo. Não há sentido em ver o ato de colecionar pesos de papel vitorianos como a sustentação de um poder soberano. Nem tudo em uma cultura é ideológico, embora tudo nela posa sê-lo. Cultura é um termo funcionalmente variável, no sentido de que o que pode ser cultural em um contexto pode não sê-lo em outro. Isso é particularmente verdadeiro se pensarmos em cultura como o que faz a vida valer a pena e não como o que nos mantém vivos. Trocar presentes pode ser uma prática cultural para nós, modernos, mas em algumas ordens sociais pré-modernas está vinculada à necessidade econômica. Beber álcool é uma questão cultural, mas deixa de sê-lo quando é a única maneira de saciar uma sede intolerável. Sobreviventes de um acidente aéreo em algum local remoto que compartilham um estoque de bebidas não estão dando uma festa. Uma atividade pode ser ao mesmo tempo cultural, no sentido de decorativa ou não funcional, e não cultural, no sentido de preencher uma necessidade biológica. Você pode usar um lenço na cabeça no Catar como um símbolo de sua identidade cultural, mas também para evitar insolação.

Ideologia também é funcionalmente variável. O que pode ser ideológico em um momento ou lugar pode não sê-lo em outro. Uma flexão casual dos músculos do braço em um contexto pode significar uma saudação fascista em outro. Que existam rosas brancas e vermelhas é ideológico somente se essas flores se tornarem insígnias em uma luta pelo poder. As previsões do tempo na TV se tornam ideológicas somente se o apresentador insiste obsessivamente em quão mais sombrio o clima é na Coreia do Norte do que nos Estados

Unidos. Não é ideológico que escolas infantis ensinem seus alunos a amarrar seus cadarços, mas é ideológico ensiná-los que seus talentos devem ser investidos criteriosamente para garantir o retorno mais lucrativo. "Eu gosto de uma boa xícara de chá" não é algo em si ideológico, mas pode se tornar, se, por exemplo, for um código para "as tropas devem abrir fogo contra os estudantes manifestantes".

Não se pode falar de cultura em termos de inteligência. Não há algo de esperto em beber Bacardi ou de burro em dançar flamenco. O caso da ideologia, no entanto, é distinto. Embora boa parte dela possa ser plausível, intrincada e bem elaborada teoricamente, sua presença muitas vezes se faz sentida junto de uma súbita e inexplicável queda na temperatura intelectual. Quando homens e mulheres outrora afiados e cultivados aparecem com ideas do tipo "Os desempregados podem sempre arranjar trabalho se tentarem" ou "Haverá mais muçulmanos do que não muçulmanos na Grã-Bretanha em 2025", percebemos o movimento de forças que conseguem subjugar o racional.

Cultura nem sempre é um meio de poder. Pode ser também um modo de resistência a ele. Veremos em um instante que isso pode valer para o pensamento político do filósofo Edmund Burke, mas também para a cultura artística e intelectual. A alegação de que o cânone literário é um bastião da ignorância política, por exemplo, é claramente absurda. A verdade é que uma boa parte da literatura alta ou minoritária é muito mais politicamente subversiva do que quase toda a cultura popular. Para ficarmos na Inglaterra, que se pense em Milton, Blake, Shelley, Byron, Hazlitt, Paine, Wollstonecraft, Dickens, Ruskin, Morris, Woolf e Orwell, sem mencionar muitos outros. É difícil argumentar que *Friends* ou *Sex and the City* superam esses autores em zelo revolucionário, ou que Lady Gaga e Robbie Williams nos oferecem visões utópicas de camaradagem humana que rivalizam com as obras proféticas de Blake. É verdade que a música de Justin Bieber atinge muitas pessoas comuns, mas a catapora também. Shakespeare defendeu o comunismo, Milton defendeu o regicídio, Blake e Shelley foram revolucionários políticos, Flaubert e Baudelaire detestavam as classes médias, Rimbaud era um anarquista e Tolstói denunciou a propriedade privada. *Um quarto só para mim* [*A room of one's own*], de Virginia Woolf, é um dos textos não ficcionais mais radicais já produzidos por um autor literário britânico. É verdade que a ideia de um cânone literário tenha sido usada com bastante frequência de maneiras desagradavelmente elitistas, mas muito do que esse cânone contém vai contra essa política. Mesmo assim, devemos lembrar que a distinção entre cultura "alta" e cultura "popular" não corresponde à distinção entre boa e má cultura. Muita cultura popular é de qualidade excelente, e o cânone literário contém muitas coisas ruins – trechos inteiros da poesia de Wordsworth, por exemplo. Se algumas obras de um escritor entram no cânone, boa parte de seus escritos menos ilustres tende a seguir o exemplo, com o resultado de que o cânone às vezes se torna indefensável, mesmo por seus próprios critérios de julgamento.

* * *

Nenhum pensador articulou a ideia de cultura como inconsciente social de forma mais magnífica do que o escritor e político do século XVIII Edmund Burke. Apesar disso, a impressão é de que o nome de Burke raramente ou nunca é mencionado em cursos de estudos culturais. Talvez isso se deva ao fato de estar associado a uma reverência conservadora pela monarquia, igreja e nobreza, lealdades que o estimularam a se tornar o oponente mais feroz e implacável da Revolução Francesa na Grã-Bretanha. No entanto, Burke não era um Tory, mas um Whig liberal, que acreditava na necessidade de reforma. Ele estava, por exemplo, entre os maiores oponentes da escravidão de sua época. Embora tenha denunciado a Revolução Francesa, não se opôs de forma alguma à ideia de revolução. Ele era um entusiasta da Conquista Normanda da Grã-Bretanha, que trouxe sua própria família para sua terra natal, bem como da chamada

Revolução Gloriosa de 1688. Quando a América do Norte ficou descontente com o domínio britânico, Burke viu que a reforma na colônia estava fora de questão, que a revolução violenta, por lamentável que fosse, era inevitável, e que a sua própria nação é que estava levando seus súditos coloniais à insurgência. Como membro do Parlamento, ele procurou dissuadir seus colegas políticos de usar a força contra os colonos norte-americanos; e, quando se revoltaram, defendeu sua luta contra o domínio britânico.

A rigor, no entanto, a Grã-Bretanha não era a nação de Burke, o que explica em parte a sua crítica feroz às políticas coloniais. Ele veio da colônia mais antiga da Inglaterra, a Irlanda, e sua oratória, de acordo com um político inglês desdenhoso, John Wilkes, "cheirava a uísque e batata". Embora fosse de uma antiga família irlandesa, passou algum tempo, quando criança, numa escola ao ar livre no condado de Cork, falava a língua irlandesa e desenvolveu uma profunda compaixão pelos pobres rurais irlandeses. Apesar de ser um dos políticos mais ilustres de Westminster, Burke tinha fortes simpatias pelos militantes camponeses clandestinos em sua terra natal e ficou indignado com as represálias impostas a eles pelo governo britânico. Quando escreve sobre os Defensores Católicos, um dos principais grupos de insurgentes irlandeses, que "eles são o único impeditivo ao Domínio Protestante",[1] ele se alia inequivocamente à rebelião violenta na Irlanda – isso da parte de um homem que foi venerado ao longo dos séculos pela direita como uma fonte de sabedoria. Se não deu apoio inequívoco aos revolucionários Irlandeses Unidos, beirou a cumplicidade com eles. Burke não tinha amor pela revolução política, mas estava convencido de que ela era quase sempre provocada por transações injustas do poder soberano, e que, depois de um tempo, se tornava inevitável. "Por mais que o espírito se acostume à servidão", ele observa, "há um ponto em que a opressão o despertará

1 Thomas W. Copeland (org.), *The Correspondence of Edmund Burke* (Cambridge: Cambridge University Press, 1958), vol. 8, p.378.

contra a injustiça".[2] Para Burke, quando esse ponto é alcançado, os governantes só devem culpar a si mesmos.

Burke era virulentamente hostil à elite governante anglo-irlandesa da Irlanda e protestava contra sua indiferença em relação à situação dos pobres irlandeses. O seu único objetivo, escreve ele com um toque de hipérbole, é "manter o domínio sobre o resto do povo, reduzindo-o à escravidão absoluta sob um poder militar".[3] Os direitos dos proprietários, ele insistia, não eram absolutos, mas deveriam servir para promover o bem comum. Embora fosse ele mesmo protestante, foi o mais ferrenho e mais destacado apologista da causa católica irlandesa no século XVIII, condenando as chamadas Leis Penais que serviam para manter a população católica em seu lugar. Essas leis, ele afirma, eram "tão adequadas à opressão, ao empobrecimento e à degradação do povo, e mais, à degradação da própria natureza humana, que poucas vezes o engenho humano se mostrou tão perverso".[4] Na verdade, as Leis Penais não eram assim tão aberrantes (Burke tem um talento para exageros escabrosos), mas tinham um profundo valor simbólico como sinal da supremacia protestante. Em grande parte por influência de Burke, acabaram sendo desmanteladas.

Burke acreditava que o poder só era legítimo se fosse fundado "numa comunidade de interesses e numa simpatia de sentimentos e desejos entre os que agem em nome de uma determinada classe de pessoas e aqueles por quem eles agem".[5] Essa comunidade de interesses e sentimentos estava ausente, em sua opinião, da Irlanda, assim como no relacionamento colonial entre a Grã-Bretanha e a América do Norte – e, em ambos os casos, as consequências eram desastrosas. "O poder", ele sugere, "extirpa gradualmente do

---

2 Apud Luke Gibbons, *Edmund Burke and Ireland* (Cambridge: Cambridge University Press, 2003), p.121.

3 R.B. McDowell (org.), *The Writings and Speeches of Edmund Burke* (Oxford: Clarendon Press, 1991), vol. 9, p.644.

4 Apud Gibbons, *Edmund Burke and Ireland*, p.124.

5 Ibid., p.629.

espírito humano toda virtude e toda docilidade. Piedade, benevolência, amizade são quase desconhecidas nas esferas mais altas".[6] "O poder e autoridade", ele escreve, a propósito da América do Norte, "são às vezes comprados pela gentileza; mas nunca se deve implorar por eles como esmolas, como o troco de uma violência empobrecida e derrotada".[7] Via os insurrectos americanos como caso genuíno de um povo que exigia e merecia a sua liberdade. "Não há razão para que um povo deva ceder voluntariamente a sua preeminência a outro, exceto com base na suposição de uma grande afeição e benevolência de sua parte."[8] Burke acreditava em impérios, fato, mas unidos pela cultura e não pela coerção.

Consenso é algo que deve existir em toda e qualquer configuração política:

> Os homens não estão atados uns aos outros por papel e por selos. São levados a se associar por semelhanças, por conformidades, por simpatias. Nada é um laço de amizade tão forte entre nações quanto a correspondência entre leis, costumes, maneiras e hábitos de vida. Eles têm mais do que a força de tratados em si mesmos. Eles são obrigações escritas no coração.[9]

Esses laços, ele observa, embora leves como o ar, são tão fortes quanto elos de ferro. "O único assento firme da autoridade", ele declara, "está nas mentes, corações e interesses do povo".[10] (São opiniões de um defensor do livre mercado, discípulo de Adam Smith,

6 Edmund Burke, *A Vindication of Natural Society* (Indianapolis: Liberty Fund, 1982), p.88.

7 Edmund Burke, *The Works of the Right Honourable Edmund Burke*, ed. F.W. Rafferty (Londres: Oxford University Press, 1906-7), vol. 2, p.184.

8 Ibid., p.260.

9 McDowell (org.), *Writings and Speeches of Edmund Burke*, vol. 9, p.247.

10 *Works and Correspondence of the Right Honourable Edmund Burke* (Londres: Francis and John Rivington, 1852), vol. 5, p.528.

que se opôs a qualquer intervenção no mercado. Nem todas as atitudes políticas de Burke devem ser elogiadas.) O Estado, em sua visão, é uma parceria entre os que estão vivos, os que estão mortos e os que estão por nascer. Como tal, não deve "ser considerado melhor que um acordo comercial envolvendo pimenta e café, chita ou tabaco ou alguma outra reles ocupação".[11] Deve, isso sim, estar ancorado em costumes, tradições e maneiras. O que importa para garantir o poder de alguém, insistiria Antonio Gramsci um século mais tarde, é a rica tapeçaria de hábitos e heranças que conhecemos como sociedade civil, e, se Burke sentiu um fascínio por ela, é em parte porque, como Henry James depois dele, veio de uma nação que era deficiente em tais instituições.

O governo britânico na Irlanda claramente não tinha a intenção de fundamentar o seu poder em costumes e sentimentos, mas sua soberania era tão deficiente quanto na Índia. O que Burke vê quando contempla a joia da coroa imperial é "um país completamente arruinado, desfeito e despovoado, salvo do despovoamento literal e sem exceções apenas pela exibição de bandos dispersos de miseráveis selvagens, nus, magros e famintos que rasgam o céu com seus uivos e gritos".[12] Rejeitando o mito da barbárie oriental, ele insiste que "a moralidade dos indianos é como a nossa..., e eu desafio o mundo a mostrar, em qualquer livro europeu moderno, mais moralidade e sabedoria do que as encontradas nos escritos dos asiáticos de alta confiança e conselheiros dos príncipes".[13] O povo do país foi "durante eras, civilizado e culto, e cultivava todas as artes da vida polida enquanto ainda estávamos na floresta".[14] Como observa um comentador,

---

11 Edmund Burke, Reflections on the Revolution in France, in: *Select Works of Edmund Burke*, ed. Francis Canavan (Indianapolis: Liberty Fund, 1999), vol. 2, p.194.

12 Apud Gibbons, *Edmund Burke and Ireland*, p.121.

13 Ibid., p.175.

14 Ibid.

> Burke foi um dos primeiros grandes pensadores europeus, e um dos primeiros escritores no cânone tradicional da teoria política ocidental, a se esforçar a sério para compreender uma civilização não ocidental e incorporar suas descobertas ao seu próprio pensamento político... Por ter levado a Índia a sério, Burke foi um dos primeiros grandes pensadores ocidentais a lidar com os dilemas morais e políticos de um império europeu em relação a nações não ocidentais.[15]

Pode-se acrescentar que ele também estava entre os primeiros pensadores ocidentais a levar a sério a questão dos direitos coletivos ou de grupo, em contraste com a promoção de direitos individuais, esta última perfeitamente compatível com a ideia de supremacia nacional ou racial.

O poder político, na visão de Burke, pode florescer somente por meio de uma sensibilidade à cultura. Requer "o estudo do gênio, do temperamento, dos costumes de um povo, para adaptar a eles as leis estabelecidas por nós".[16] Se as nações devem ser governadas, que isso seja feito "a partir de seus próprios princípios e máximas, e não dos nossos".[17] Os governantes é que devem se conformar ao povo, não vice-versa; mas as diferenças culturais entre a Grã-Bretanha e a Índia são muito amplas para que isso seja viável. O mesmo vale para o abismo geográfico entre a Grã-Bretanha e a América do Norte. A Índia em particular permanece apartada do Ocidente "por costumes, princípios religiosos, e hábitos inveterados tão fortes quanto a própria natureza".[18] e seria impossível assimilar a sua rica diversidade de formas de vida a uma única autoridade imposta de fora.

---

15 Frederick G. Whelan, *Edmund Burke and India: Political Morality and Empire* (Pittsburgh: University of Pittsburgh Press, 1996), p.5.

16 Apud Conor Cruise O'Brien, *The Great Melody* (Londres: Sinclair Stevenson, 1992), p.311.

17 Apud Gibbons, *Edmund Burke and Ireland*, p.175.

18 Edmund Burke, *The Works of the Right Honourable Edmund Burke* (Londres: George Bell and Sons, 1890), vol. 6, p.465.

Essas circunstâncias, argumenta Burke, lançam sérias dúvidas sobre a ideia de tentar governar o lugar. Era um oponente apaixonado da Companhia das Índias Orientais, poderoso braço da autoridade britânica na Índia, e tentou destituir o seu chefe, Warren Hastings, perante o parlamento de Westminster.

"Nossa conquista [da Índia]", Burke critica, "é, após vinte anos, tão precária quanto era no primeiro dia".[19] Os colonialistas, ele protesta, não desenvolveram hábitos em comum com o povo local, e se abandonassem a Índia no dia seguinte, não deixariam para trás um único vestígio de um governo benevolente. Ele acrescenta, com uma pitada de veneno, que inclusive não deixariam nenhum sinal de posse superior aos de um tigre ou de um orangotango. "O inglório período do domínio inglês não erigiu nenhuma igreja, nenhum hospital, nenhum palácio, nenhuma escola; a Inglaterra não construiu pontes, não fez estradas, não abriu rotas, não cavou reservatórios." Os conquistadores que vieram antes deixaram algum monumento; não os britânicos. Em vez disso, na Índia como em outros lugares, as forças imperiais extraíram "da miséria de pessoas destituídas... as grandes fontes de nossa riqueza, de nossa força e de nosso poder".[20]

Burke não via a barbárie como uma condição que a civilização deixara para trás. Ao contrário, estava ciente de que ela pode ser um produto da civilização. A barbárie e a civilização podem ser sequenciais, mas também sincrônicas. Culturas inteiras foram violadas pela marcha da sociedade civilizada. E o comércio, como viu Burke, longe de melhorar essas ordens sociais, poderia levá-las à ruína. Dada sua experiência na Irlanda, estava ciente da miséria implicada no processo civilizatório, embora tivesse poucas ilusões sobre uma era de ouro mítica. No opúsculo *A Vindication of Natural Society* [*Uma defesa da sociedade natural*], ele vê o verdadeiro escândalo da civilização não

19 P.J. Marshall (org.), *The Writings and Speeches of Edmund Burke* (Oxford: Clarendon Press, 1981), vol. 5, p.402.

20 Apud O'Brien, *The Great Melody*, p.324.

no fato de que suas origens estão banhadas em sangue, mas de que essa violência persista como uma característica permanente. Pode-se aplaudir a civilização como uma conquista, mas ela cobra um custo terrível em sofrimento humano. Burke viu nos excessos da Revolução Francesa uma forma de selvageria civilizada, mas percebeu a mesma ferocidade em sua própria nação adotiva. A Grã-Bretanha, ele acusa, tornou-se "uma terra ensanguentada" como resultado do descrédito de sua conduta na Índia.

Burke compartilhava com seus colegas ingleses a convicção de que os nativos americanos eram naturalmente sanguinários. Ao contrário da maioria de seus colegas parlamentares, no entanto, defendia que a responsabilidade final pelos crimes dos povos subjugados era de seus senhores coloniais. Os nativos americanos podem ser naturalmente selvagens, mas sua brutalidade foi intensificada, não amenizada, pelo governo branco. Burke considerava que muitas vezes a violência era cria da injustiça. O que levou os oprimidos a cometer atrocidades foi a insolência da autoridade. Isso não quer dizer que ele desculpasse os ultrajes perpetrados pelos povos coloniais. Ao contrário, não hesitou em censurá-los. Não era um sentimentalista, os conquistadores nem sempre estavam errados, e os nativos nem sempre estavam certos. Tampouco era um relativista cultural. Ao contrário, estava ciente de que o relativismo poderia desculpar a Grã-Bretanha. Os britânicos que apelavam às condições estranhas da Índia para justificar seus crimes cometiam, a seus olhos, um sofisma mesquinho. Faz parte da polêmica de Burke contra Hastings defender que os imperativos éticos são universais, e não paroquiais; que os valores morais não se curvam a mudanças de local geográfico; e que os mesmos padrões de liberdade e justiça devem prevalecer entre o povo indiano como entre os britânicos. Burke tinha uma paixão pelo concreto e pelo contextual, e uma suspeita em relação ao abstrato e universal. No entanto, ele não se opunha aos princípios universais, mas somente à suposição de que eles podem ser aplicados mecanicamente, sem a devida atenção às circunstâncias.

* * *

Do começo ao fim, o tema de Burke é claro: a cultura é mais fundamental do que a lei ou a política. "O que primordialmente governa as nações não são as leis, muito menos a violência".[21] São "maneiras", ou, como diríamos hoje, é a cultura, que forma a matriz de todo poder, contrato, autoridade e legalidade. A cultura é o sedimento com que o poder se estabelece e cria raízes. Burke comenta:

> As maneiras são mais importantes do que as leis. A lei depende delas, em grande medida... As maneiras são o que nos aborrece ou nos acalma, o que nos corrompe ou nos purifica, o que nos enobrece ou nos rebaixa, o que nos barbariza ou nos refina, e operam constantemente, de maneira constante, firme, uniforme e insensível, como o ar que respiramos; são elas que dão forma e cor às nossas vidas.[22]

Burke não tem em mente apenas o trato social, mas os costumes e convicções consagrados pelo tempo e pelos quais homens e mulheres se pautam. Nesse sentido, as maneiras também são uma preocupação adotada por Jane Austen, contemporânea de Burke, para quem os preceitos morais abstratos se tornam aceitáveis, e mesmo agradáveis, quando são vividos com estilo e vivacidade. As duas irmãs Bennet de *Orgulho e preconceito* são mulheres profundamente morais, mas também graciosas e envolventes. Reúnem o ético ao estético, condição estranha ao hipercrítico Sr. Knightley, de *Emma*. Há personagens, como Mary Crawford em *Mansfield Park*, cuja vitalidade leva a melhor sobre a moralidade, e outras, como Fanny Price, no mesmo romance, que (em parte por conta das Mary Crawfords deste mundo) são forçadas a sacrificar o estilo social em nome do princípio moral.

---

21 Paul Langford (org.), *Writings and Speeches of Edmund Burke* (Oxford: Oxford University Press, 1981), vol. 2, p.320.

22 Isaac Kramnick (org.), *The Portable Burke* (Harmondsworth: Penguin, 1999), p.520.

Burke acredita que o poder político deve ser estetizado, tornado gratificante e prazeroso, se quiser conquistar a lealdade das pessoas comuns. Uma autoridade que falha nessa tarefa será mais temida do que amada, e o seu domínio sobre a população provavelmente será precário:

> Afeições públicas, combinadas às maneiras, são às vezes necessárias como suplementos, às vezes como corretivos, sempre como auxiliares da lei. Cada nação deve ter um sistema de maneiras que um espírito bem-formado queira saborear. Para que o amemos, nosso país deve ser amável.[23]

Uma vez que o poder tenha sido combinado à cultura, dissolvido na textura da nossa conduta cotidiana, todos nós poderemos nos tornar agradavelmente alheios aos instrumentos coercitivos que ele reserva; pois então, como nos submeteremos espontaneamente aos seus comandos, ele não encontrará necessidade de utilizá-los.

Se Burke se sente repelido pela Revolução Francesa, é em parte porque a vê como a ruína desse projeto. À medida que os túmulos se aproximam da guilhotina, os instrumentos de coerção em Paris são expostos. Ele escreve com raiva sobre os jacobinos:

> Todas as agradáveis ilusões que tornam o poder suave e a obediência liberal, que harmonizam os diferentes tons da vida e que, por uma assimilação branda, incorporam à política os sentimentos que embelezam e alimentam a sociedade privada, foram dissolvidas pelo novo império, conquistador da luz e da razão. O drapeado que torna decente a vida foi rasgado da maneira mais rude.[24]

23 Burke, *Reflections on the Revolution in France*, p.172.

24 Ibid., p.170.

A Revolução é um ataque à estética tanto quanto à moral. Não admira que ela seja aos olhos de Burke um assunto vulgar, uma farsa barata, bombástica e melodramática. O poder, em sua visão, funciona por meio da ficção, disfarçando-se em cerimônia para amenizar o seu rigor. Conquista a nossa devoção escrevendo suas obrigações no coração. É essa crença, de que a ficção é parte integrante da ordem social, que os revolucionários franceses impiamente desprezam. Na visão de Burke, são loucos o suficiente para acreditar que a sociedade pode funcionar apenas pela razão. Vivem na ilusão de que o poder é mais eficaz quando está mais às claras. A verdade, no entanto, é que ninguém pode contemplar a nudez da Lei e viver, e é por isso que ela precisa da folha de figueira, que Gramsci mais tarde chamará de hegemonia.

A consternação de Burke com os eventos tumultuados do outro lado do Canal é mais do que o pânico de alguém comprometido com a Igreja e a Coroa: vem da convicção de que o próprio princípio da hegemonia, ou governo por consentimento, foi abandonado de forma gratuita. É como se os franceses, intoxicados por uma Razão abstrata, tivessem cometido um erro catastrófico sobre a própria natureza da política. Sua revolta não é apenas um surto de selvageria civilizada, é a dissolução da própria sociedade civil, e logo, da própria condição para uma governabilidade efetiva. É impossível, na França revolucionária, haver governo de afetos: tudo o que existe são corpos mutilados. O resultado é uma loucura geral.

Portanto, Burke deplora os jacobinos pelos mesmos motivos pelos quais condena a Ascendência na Irlanda e o colonialismo britânico na Índia e na América. Em nenhum desses casos os governantes tentam se acomodar à cultura dos governados, adaptando sua soberania a antigas crenças e sentimentos. Mas a política "requer um profundo conhecimento da natureza e das necessidades humanas. [...] A natureza do homem é intrincada; os objetos da sociedade são da maior complexidade; e, portanto, nenhuma disposição ou direção simples de poder pode ser adequada à natureza do homem ou às suas ocupações".[25] Burke se confessa incapaz de julgar uma situação "a partir de uma simples visão do objeto, despojado de toda relação", uma vez que é a "circunstância [...] que dá na realidade a cada princípio político a sua cor distintiva e o seu efeito de contraste".[26] A complexidade que Burke tem em mente – a complexidade insondável dos assuntos humanos – é o que conhecemos como cultura, por mais que ele não tenha utilizado a palavra nesse sentido. É a malha intrincada de afinidades e observâncias que o poder ignora por sua conta e risco.

Burke rejeita a distinção moderna entre afetos privados e utilidade pública, e reluta em confinar o sentimento à esfera doméstica, deixando o domínio público às ternas misericórdias da lei, do contrato e da obrigação impessoal. Devemos tratar as falhas do Estado como faríamos com "as feridas de um pai, com piedoso temor e trêmula solicitude".[27] "Coube-nos dar à estrutura de nossa política a imagem de uma relação de sangue, ligando a constituição de nosso país aos nossos mais tenros laços domésticos, adotando as leis fundamentais no seio de nossas afeições familiares".[28] Como irlandês, ele estava familiarizado com a chamada "economia moral" do interior da Irlanda, onde costume, tradição e sentimento tinham a força do direito legal. Transplantar essa situação para a sociedade metropolitana que o adotou significaria governar tendo em vista o preconceito popular e as expectativas mais costumeiras. Burke teria apoiado de bom grado a queixa de Schiller de que "o Estado moderno permanece um eterno estranho para os seus cidadãos, pois em nenhum momento entra em contato com os sentimentos deles".[29]

25 Ibid., p.152-3.
26 Ibid., p.93.
27 Ibid., p.192.
28 Ibid., p.122.
29 Friedrich Schiller, *On the Aesthetic Education of Man*, org. e trad. Elizabeth M. Wilkinson and L.A. Willoughby (Oxford: Clarendon Press, 1967), p.37.

Existe aqui sem dúvida uma boa dose de interesse próprio. Burke está perfeitamente ciente de que conquistar corações e mentes é a maneira mais segura de evitar a insatisfação política. O maior perigo para um Estado "é justificar o descontentamento de seus súditos".[30] Se as colônias associarem sua própria liberdade à sua soberania, se apegarão a você fielmente. A obediência seguirá de perto os calcanhares do amor. Ainda assim, a recusa de Burke em expulsar o sentimento do domínio público, sua insistência de que interesses e afeições são o canteiro de sementes da política, antecipa em parte o pensamento feminista moderno, por mais que essa ideia pudesse consterná-lo. As mulheres, em sua opinião, deveriam ser veneradas, em vez de liberadas.

Se a cultura é o que adoça a autoridade e a torna palatável, ela é um meio indispensável ao exercício do poder político. Esse poder precisa se acomodar à experiência cotidiana, revestir-se com as lealdades mais comuns, caso não queira parecer abstrato e intimidador. Do contrário, corre o risco de alienar os cidadãos que tenta conquistar. Burke era um esteta e também um político, e escreveu um tratado sobre a natureza aterrorizante do sublime, em oposição ao caráter prazeroso e harmonioso do belo.[31] Não é difícil traduzir essa antítese em termos políticos. A própria Lei é em si sublime, uma espécie de "inchaço viril", e, como a nudez do pai, é terrível de se ver; de modo que, para nos seduzir, ela deve se travestir, escondendo sua brutalidade, enfeitando-se com sedutoras roupas femininas. Burke está ciente de que nossa relação com a autoridade tem um toque de ambivalência edipiana: como masoquistas crônicos, nos deliciamos em ser intimidados pelo implacável Nome do Pai, ao mesmo tempo que nos irritamos com ele. O problema, no entanto, é que nossa própria

30 McDowell (org.), *Writings and Speeches*, vol. 9, p.479.

31 Ver Edmund Burke, *A Philosophical Enquiry into the Origin of our Ideas of the Sublime and Beautiful*, ed. J.T. Boulton (Londres: Routledge, 1958).

veneração por essa figura augusta "nos impede de ter todo aquele amor por ele que temos por nossas mães, onde a autoridade parental é quase derretida na ternura e indulgência maternas".[32] O perigo é que não amemos a lei que respeitamos, e não respeitemos a lei que amamos. Deve haver, portanto, um equilíbrio entre o paterno e o materno, entre a coerção e o consentimento. O poder deve se tornar gratificante, mas não a ponto de dissipar o temor e a deferência de seus súditos. Suas vestes femininas devem ser diáfanas o suficiente para sugerir a protuberância do falo que elas recobrem.

Há um aspecto narrativo nessa mudança do masculino para o feminino. Burke não tem ilusões lockianas sobre a fundação pacífica do Estado. Ao contrário, ele acredita que a maioria dos Estados políticos foi fundada pela violência, invasão, revolução ou usurpação. Suas origens são, portanto, ilícitas, e somente a passagem gradual do tempo pode lançar um véu sobre esses começos manchados de sangue. No começo era a coerção, que mais tarde se modula em consentimento. Sua propriedade fundiária é minha, se eu a roubei de você há muito tempo. Se eu a surrupiei apenas na semana passada, então você tem o direito de exigi-la de volta. Quanto mais tempo uma nação sobrevive, mais aceitável a sua soberania se torna, o que é uma das razões pelas quais Estados nascidos com derramamento de sangue na memória viva (como Israel) ou quase (como a Irlanda do Norte) têm um problema agudo de legitimação. O poder efetivo repousa na amnésia coletiva, à medida que nos afeiçoamos desses crimes como a velhos amigos. "O tempo e apenas ele dá solidez ao direito dos governantes", comenta David Hume em seu *Tratado da natureza humana*, "e, operando gradualmente no espírito dos homens, reconcilia-os com toda autoridade, fazendo-a parecer justa e razoável".[33]

32 Ibid., p.159.

33 David Hume, *Treatise of Human Nature* (Oxford: Oxford University Press, 1960), p.556.

Legitimidade é longevidade. O poder é fundado no esquecimento. É o tempo, acima de tudo, que converte a transgressão primordial em uma legalidade venerável.

A história, portanto, é o que converte a política na segunda natureza que chamamos de cultura, habituando-nos ao que antes poderia ter parecido intolerável. "O tempo", escreve Burke, "mistura e coliga, aos poucos, os conquistados e os conquistadores"[34] – mas de forma alguma em todos os lugares, e certamente não na Irlanda e na Índia. Nações, como os indivíduos de Freud, florescem reprimindo o trauma de sua origem, empurrando-o para o inconsciente político. É exatamente isso que os jacobinos não entenderam. Em seu frenesi metafísico, eles investigaram as coisas a fundo, despindo as vestes decorosas da cultura, expondo as fontes vergonhosas da existência social e voltando seu olhar ímpio para o falo do pai. Mas ninguém pode olhar para essa autoridade sublime sem ficar cego; e, no caso dos revolucionários franceses, essa cegueira vem de um deslumbramento com o excesso de luz. Para Burke, essa luz se chama Razão. O seu excesso é uma forma de loucura, como sabiam seus compatriotas Jonathan Swift e Laurence Sterne.

Todo poder tem um pouco de blefe. Os que governam estão cientes da natureza arbitrária e infundada de sua autoridade, mas tentam persuadir os seus súditos do contrário. Nesse processo, a cultura ou a estética – costumes reverenciados, o glamour da aristocracia, a aura sagrada da realeza, a pompa do parlamento – são de fundamental importância. O projeto cultural de Burke busca refutar a alegação de que o imperador não tem roupas. Mas o poder deve enganar os sentidos, gerando ficções salutares e ilusões edificantes. É de elevação e consolo que as pessoas comuns precisam, não de verdade; e somente uma sociedade bem-treinada no uso de símbolos e cerimônias pode fornecê-los. Se o Estado deve prosperar, que ele se transforme em obra de arte.

---

34 McDowell (org.), *Writings and Speeches of Burke*, vol. 9, p.614.

Mas há um outro lado. A cultura para Burke pode ser um instrumento de poder, mas também é um terreno em que o poder é contestado. Se é o cimento da formação social, também é seu ponto potencial de fratura. Em certo sentido, a cultura parece ser o oposto da política. Política trata de questões práticas, de cálculos conscientes, do calor da hora do contemporâneo, enquanto cultura no sentido burkiano do termo habita um tempo de lentidão quase geológica, de afeições e aversões gradualmente sedimentadas que resistem a mudanças abruptas. É uma questão de continuidades ininterruptas de lugar, linguagem, parentesco, crença e comunidade, e, como tal, figura entre outras coisas como um baluarte de direita contra a revolução de esquerda. Não é de forma alguma uma noção inerentemente radical. Na verdade, se alguém fosse solicitado a nomear uma das principais razões para o surgimento do conceito de cultura na Europa do início do século XIX, a resposta "Revolução Francesa" não seria das piores. Foi contra tal tumulto político que a ideia foi exercida. No entanto, como Burke reconhece, com sua própria origem colonial em mente, a cultura pode ser um estímulo à revolução bem como um antídoto para ela. Nada, em sua opinião, é mais provável de levar à convulsão social do que um desrespeito arrogante pelos costumes consagrados pelo tempo de um povo. Cultura e tradição podem, portanto, ser forças disruptivas, bem como preservadoras. Um caso que é conservador quando aplicado a nações metropolitanas pode ser radical no contexto das colônias. É isso que os admiradores de direita de Burke não conseguem entender. Também era um fato para o qual a maioria de seus colegas em Westminster era cega, dado que poucos deles trabalhavam sob a desvantagem de serem irlandeses. (Uma exceção notável foi o dramaturgo e membro do Parlamento Richard Sheridan, um homem que por um tempo praticou a admirável duplicidade de ser ministro do governo britânico e companheiro de viagem dos revolucionários United Irishmen.)

A ideia de cultura como o oposto da política – como um reino mais elevado e puro do que a negociação de cavalos e a manipulação de votos – pertence à linhagem da chamada *Kulturkritik*, para a qual a vida do espírito não deve ser contaminada pela mera utilidade.[35] A *Kulturkritik* separa a cultura da política, já a política cultural de nossos dias corre o risco de reduzir uma à outra. O próprio Burke não tem nenhum desses projetos. Em sua visão, cultura e política não devem ser divididas nem misturadas. Em vez disso, deve-se compreender as relações complexas entre elas, e reconhecer que esta não é uma relação entre iguais. No final, é a cultura que tem a primazia.

* * *

O filósofo alemão Johann Gottfried Herder foi contemporâneo de Burke. É um autor cuja importância na história das ideias é difícil de superestimar. Ele foi um dos primeiros grandes pensadores historicistas, atento às circunstâncias históricas de culturas, textos, eventos e indivíduos. É uma abordagem que foi descrita como uma das grandes revoluções intelectuais do pensamento europeu.[36] Também foi aclamado como o pai do nacionalismo moderno, e recebeu crédito por introduzir a ideia de cultura como um modo de vida completo no pensamento europeu. Como se tudo isso não fosse impressionante o suficiente, Herder também foi um dos fundadores da teoria literária moderna, além de ser um dos primeiros pensadores a reconhecer o papel da cultura popular na vida social. Como tal, ele está na fonte do que conhecemos hoje como estudos culturais. Ele também foi um pioneiro na filosofia da linguagem, que, para alguns, ele teria inventado. Charles Taylor afirma que com Herder "tem origem uma maneira diferente de pensar sobre linguagem e significado", e fala em uma "revolução herderiana".[37]

---

35 Essa tradição foi abordada com maior detenção em meu livro *Culture and the Death of God* (Londres: Yale University Press, 2014), cap. 6.

36 Ver A. Gillies, *Herder* (Oxford: Blackwell, 1945), p.13.

37 Charles Taylor, *Philosophical Arguments* (Cambridge, MA: Harvard University Press, 1995), p.79.

Contudo, o nome de Herder é menos familiar que o de Burke nos círculos anglófonos da Irlanda. O fato de os nazistas o reverenciarem como racista é, sem dúvida, uma das razões para essa negação relativa, embora ele fosse tão racista quanto Burke era reacionário. É verdade que, como muitos pensadores de sua época, incluindo Kant, um grande liberal, ele acreditava que algumas raças eram mais avançadas do que outras, e às vezes empregava estereótipos degradantes daqueles que ele considerava atrasados ou infantis. Porém, ao contrário dos nazistas, não considerava que tais povos fossem menos dignos de seus direitos humanos integrais, incluindo o direito de não serem colonizados ou escravizados.

Herder e Burke nem sempre pensam de maneira semelhante. Herder, por exemplo, saudou a Revolução Francesa, embora, como muitos entusiastas iniciais, tenha depois se desiludido. Enquanto Burke trata as mulheres com cavalheirismo à moda antiga, Herder se pronuncia pela sua emancipação, anunciando que "nenhum fato mostra de maneira tão decisiva o verdadeiro caráter de um homem ou de uma nação quanto o tratamento dado às mulheres".[38] A maioria das mulheres, ele acredita, são escravas dentro de suas próprias sociedades. Se Burke preza a ordem, Herder valoriza a liberdade. A visão de Burke sobre a humanidade pode ser sombria, enquanto a de Herder é muito otimista. Não existe "o mal", e a morte é uma metamorfose. A história é obra de Deus. Burke é bem menos sentimental quanto à evolução da humanidade. Na visão do irlandês, o Estado deve ser reverenciado, enquanto aos olhos do alemão é uma máquina administrativa sem coração que suprime toda individualidade. Quem realmente faz a história são os poetas e os profetas, e não os políticos.

Mesmo assim, há algumas afinidades marcantes entre eles. Herder, como Burke, defende que a cultura é mais decisiva do que a política. Ambos veem a religião como central para a cultura – o que não

38 Apud Sonia Sikka, *Herder on Humanity and Cultural Difference* (Cambridge: Cambridge University Press, 2011), p.17.

é surpresa no caso de Herder, um ministro luterano. As ideias são a província da intelligentsia, mas a religião é uma espécie de democracia emocional, um tesouro de instintos e afetos acessível a todos. Ambos os escritores pensavam que as nações devem ser governadas por costumes, tradições e sentimentos, e a sociedade deve ser vista como um crescimento orgânico. Como tal, ela resiste ao tipo de organização centralizada que Burke abomina no jacobinismo francês e Herder acha desagradável no absolutismo alemão. Ambos os homens são românticos, aliados do concreto e do circunstancial, mas ambos se recusam a abrir mão de certos parâmetros universais. Ao mesmo tempo, unem-se para condenar o que consideram um culto falso do humanitarismo universal, em oposição a lealdades locais e laços domésticos. "Ideais de amor universal pela humanidade, por todas as nações, e mesmo pelos inimigos, são sempre exaltados", queixa-se Herder sobre o espírito da época, "mas os sentimentos calorosos de família e amizade são menosprezados".[39] Simpatia e amor, para ele como para Burke, são mais preciosos do que o que ele descarta como a "fria razão".

Herder compartilha o ódio de Burke pela escravidão, pelo despotismo, pela rapacidade colonial e pela destruição de culturas nativas. Assim como seu equivalente irlandês, defende a causa das pequenas nações e alerta as potências imperialistas da Europa que elas provavelmente um dia receberão o que merecem. "Quanto mais meios e ferramentas nós, europeus, inventarmos para escravizar, enganar e saquear outros continentes", ele observa, dirigindo-se aos súditos do poder colonial, "mais poder vocês terão para o triunfar no final. Forjamos as correntes pelas quais um dia vocês nos arrastarão".[40] A Europa, ele insiste, não deve tentar moldar suas colônias

---

39 F.M. Barnard (org.), *J.G. Herder on Social and Political Culture* (Cambridge: Cambridge University Press, 1969), p.200.

40 J.G. Herder, *Another Philosophy of History and Selected Political Writings*, org. e trad. Ioannis Evrigenis and David Pellerin (Indianapolis: Hackett, 2004), p.100 (translation slightly modified).

como réplicas pálidas de si mesma. Em vez disso, a cultura de outras nações deve ser respeitada, uma vez que cada uma delas contribui de sua maneira distinta para o desenvolvimento universal da humanidade.[41] "O bem não está disperso pela Terra?", pergunta ele.[42] Para compreender o caráter único de outros povos, é preciso suspender a parcialidade e compreender sua forma de vida a partir de dentro, mais ou menos como Burke acreditava no caso da Índia. "É justo, quando procedemos ao país dos negros", insiste Herder, "que deixemos de lado nossos orgulhosos preconceitos e consideremos a organização desse quadrante do globo com tanta imparcialidade como se não houvesse nenhum outro".[43]

Herder, então, está longe do nacionalista alemão desenfreado que os nazistas alegaram ver nele. No entanto, ele também não é um relativista cultural de sangue puro, pelo menos não em seus escritos posteriores. Ele não teria ficado entusiasmado com a recusa tímida de criticar "o outro" que marca tanto o pensamento pós-colonial contemporâneo, e que pode ser simplesmente uma inversão envergonhada dos valores coloniais. Em vez disso, ele não está nem um pouco relutante em fazer julgamentos negativos sobre toda uma gama de culturas humanas, dos antigos romanos aos tibetanos modernos. Essas avaliações às vezes são coloridas pelo racismo ou etnocentrismo, e às vezes não. Algumas nações são superiores a outras em aspectos particulares; mas nenhuma cultura é inferior ou superior como tal, e nenhuma delas tem o direito de se comportar agressivamente ou expansivamente em relação aos outros. Longe de ser um europeu complacente, satisfeito consigo mesmo, Herder sustenta que o continente está em um lamentável estado de decadência

41 Para um tratamento criterioso do assunto, ver o excelente trabalho de Sonia Sikka *Herder on Humanity and Cultural Difference*, cap.4. Ver também John H. Zammito, *Kant, Herder, and the Birth of Anthropology* (Chicago: University of Chicago Press, 2002).

42 Barnard (org.), *J.G. Herder*, p.187.

43 Apud Robert J.C. Young, *Colonial Desire* (Londres: Routledge, 1995), p.146.

desde a Idade Média, e precisa de uma renovação cultural radical. É uma civilização, com certeza; mas perdeu o contato com suas raízes culturais vitais, uma calamidade que o próprio trabalho de Herder se propõe a reparar. Seu projeto, junto com o de muitos outros românticos, é converter civilizações em culturas.

Herder acredita na perfectibilidade da espécie humana. A civilização pode regredir de tempos em tempos, mas, tomada como um todo, ela está evoluindo em direção a um estado de bem-estar universal. No entanto, ele combina esse otimismo iluminista com uma rejeição da visão padrão iluminista de progresso. A história para Herder não é de forma alguma um processo único, uniforme e unilinear de evolução; em vez disso, cada cultura se desenvolve em seu próprio ritmo, de sua própria maneira inimitável. A ideia de progresso é pluralizada. Ao mesmo tempo, a noção de cultura como *Bildung* ou autodesenvolvimento harmonioso é transferida do indivíduo para nações inteiras. Herder vê a evolução espiritual dessas nações como um valor em si mesma, não simplesmente como uma contribuição para alguma marcha universal em direção à utopia. O ponto, como comenta um crítico, é "não traçar a trajetória do 'progresso', mas distinguir as variedades de excelência humana".[44] Não há nenhuma teleologia inexorável em ação aqui. "Vocês, pessoas em todas as partes do mundo", Herder anuncia, "que faleceram ao longo dos tempos, vocês não viveram apenas para fertilizar a terra com suas cinzas, para que no fim dos tempos seus descendentes pudessem se tornar felizes por meio da cultura europeia".[45] Comunidades não ocidentais são mais do que cordeiros sacrificiais a serem colocados no altar da melhoria universal. A história também não é uma rua de mão única: há muito que o presente pode aprender com o passado supostamente obscuro. Para Herder, assim como para Marx, a civilização envolve perda e ganho, e algum grau de declínio é uma função de todo avanço social.

---

44 Zammito, *Kant, Herder*, p.333.

45 Apud Sikka, *Herder on Humanity*, p.84.

Tanto Herder quanto Burke sustentam que a razão está enraizada na experiência sentida. Cognição e sensação estão em termos íntimos uma com a outra. Entre outras coisas, isso significa que o poder, que depende de conceitos, deve ser fundamentado na cultura, que é um assunto experiencial. Como alguém preocupado não principalmente com arte, mas com percepção e sensação, Burke é um esteta no sentido original da palavra. De fato, a estética moderna começa como um discurso do corpo.[46] Em seu tratado sobre o sublime e o belo, ele é fascinado pelo que acontece quando ouvimos vibrações baixas ou acariciamos superfícies lisas, pela dilatação da pupila do olho na escuridão ou pela sensação de um leve toque no ombro. Herder também acredita que o pensamento está ligado ao corpo e que a linguagem é afetiva e expressiva, em vez de simplesmente comunicativa. Uma ligeira mudança na fisiologia humana, ele afirma, transformaria o destino do planeta. Para Burke, também, a linguagem é uma questão de performance mais que de transmissão, retórica mais que reportagem. É uma visão exemplificada por seu magnífico estilo de prosa, temperado com metáforas polidas e gestos teatrais.

Ao ver a linguagem como ligada à nossa atividade social e sensorial, Herder antecipa o pensamento de Nietzsche e Wittgenstein. Para ele, assim como para Wittgenstein, as palavras têm significado somente na medida em que são tecidos em uma forma prática de vida. É por causa da linguagem que podemos habitar mundos diferentes, mesmo quando vivemos na mesma rua. A fala é um órgão com o qual lidamos com nosso ambiente prático, e todas as nossas noções mais abstratas evoluem dessa raiz humilde. A razão pura é uma quimera. Como Burke, Herder promove a fé, o senso, a experiência e a intuição em detrimento da especulação racional. Na verdade, ele tem a coragem de criticar seu grande mentor Kant por subestimar o papel da linguagem no processo de cognição, bem como por não ancorar as categorias de tempo e espaço na experiência corporal. Inserir a

46 Ver Terry Eagleton, *The Ideology of the Aesthetic* (Oxford: Blackwell, 1990), cap. 1.

linguagem no sistema kantiano, ele argumenta, seria escancará-lo às forças da história e da cultura. Como Burke, também, ele é impaciente com a construção de sistemas filosóficos, embora seu trabalho seja muito mais ambicioso em escopo do que o do irlandês, abarcando desde o grunhido do macaco até a estrutura do cosmos. Ele até mesmo contemplou modestamente escrever uma história do mundo.

No campo da linguagem, Herder é provavelmente mais conhecido pela doutrina de que a linguagem e o pensamento são inseparáveis – uma proposição que ele não originou, mas que muito fez para promover. A visão da escola de Bakhtin de que todo discurso é dialógico, e que o pensamento é um tipo de discurso interior, já pode ser encontrada no denso emaranhado dos escritos de Herder. Talvez tenha chegado a hora de levantar algumas dúvidas inoportunas sobre essa mais recebida das posições teóricas. Se os teóricos culturais passassem mais tempo brincando com seus bebês ou com seus animais de estimação, eles poderiam se dar conta de que essas criaturas sem fala ("infância" origina-se de "mudez") são, no entanto, capazes de algo que se parece inconvenientemente com o pensamento. Um cachorro pode descobrir que, uma vez que o gato agora está empoleirado no alto da árvore, ele pode muito bem voltar sua mente a atividades mais frutíferas, assim como uma criança pode estar ciente de que a ausência de sua mãe é apenas temporária. É verdade que os cães não podem ser batistas e nem crianças podem ser neodarwinistas, um fato que sem dúvidas tem muito a ver com sua falta de linguagem. Um sistema de signos de algum tipo é essencial para essas atividades culturais mais complexas, que não dependem tão crucialmente do corpo. Mas não está claro que uma criança precisa ser capaz de articular as palavras "Vou tossir para distrair a atenção da minha mãe daquele maldito bebê" para ser capaz de pensar isso. Nem uma criança precisa pensar consigo mesma "Se eu colocar meu pé no carrinho de brinquedo, ele vai parar de rolar na direção errada". Há um tipo de inteligência prática ou somática em ação aqui que sustenta alguma forma mais articulada de discurso.

Como muitos que seguiram em seu encalço, Herder considera a linguagem o fator decisivo na cultura humana. Embora ele conceda que todas as línguas são híbridas, feitas de restos e sobras de outras línguas, ele vê a unidade de um modo de fala como refletindo a unidade de uma nação. "Imaginar uma língua", Ludwig Wittgenstein escreveria mais tarde em suas *Investigações filosóficas* (§ 19) "é imaginar uma forma de vida". Na visão de Herder, cada língua dá voz à visão de mundo distinta de um povo específico; e embora possa haver muitas fertilizações cruzadas entre essas comunidades linguísticas, é sua singularidade que ele preza acima de tudo. Há uma rica diversidade de culturas, mas cada uma delas é melhor vista como um todo integral. A pluralidade interna é geralmente indesejável. Na verdade, uma das reclamações de Herder contra o colonialismo é que ele miscigena uma nação anteriormente não adulterada. Se ele detesta a escravidão, é em parte porque ela arranca homens e mulheres de seu solo nativo e os transplanta para outras culturas, uma hibridização que pode então levá-los à degeneração. Nações são a unidade natural da humanidade. Como Herder contempla uma federação de tais unidades, ele não é de forma alguma um chauvinista alemão; mas embora a migração de povos seja inevitável, e uma perspectiva internacionalista deva ser aclamada, ele provavelmente concordaria com o pronunciamento pontifício de T. S. Eliot de que "no geral, parece melhor que a grande maioria dos seres humanos continue vivendo no lugar em que nasceu".[47] (O próprio Eliot foi criado em St. Louis, Missouri, tornou-se um estudante de pós-graduação em Oxford, viajou bastante pela Europa continental e passou o resto de sua vida em Londres.)

Para Herder, uma cultura está em suas melhores condições quando sua linguagem articula o material vital da experiência popular. É uma visão a ser encontrada mais tarde na obra de Leavis.

47 T. S. Eliot, *Notes Towards the Definition of Culture* (Londres: Faber & Faber, 1948), p.52.

A linguagem começa a vida como um tipo de poesia, madura, robusta e ricamente saborosa, mas se torna debilitada e anêmica quanto mais a civilização declina em refinamento vazio – ou, em duas palavras, afetação francesa. Enquanto isso, o colonialismo transforma as condições materiais de um povo e, ao fazê-lo, saqueia a substância vital de sua linguagem. Pode até mesmo roubar-lhes sua língua nativa, despojando-os assim de sua experiência propriamente dita. O líder nacionalista irlandês Thomas Davis reclama que

> impor outra língua a [...] um povo é enviar sua história à deriva entre os acidentes da tradução – é arrancar sua identidade de todos os lugares – é substituir sinais arbitrários por nomes pitorescos e sugestivos – é cortar o vínculo do sentimento e separar o povo de seus antepassados por um profundo abismo.[48]

A língua e a cultura destilam a biografia espiritual de um povo e se tornam frágeis quando seu sabor único perde sua graça e frescor.

Herder defende que a única coisa que poderá restaurar a linguagem ao seu estado de saúde primitivo é a vida das pessoas comuns. É como se as classes média e alta representassem a civilização, enquanto o próprio povo representa a cultura. Desconhecidos por eles mesmos, esses camponeses meio famintos e operários fatigados constituem um depósito de sabedoria atemporal. A Alemanha deve, portanto, se afastar de Racine, Goethe e de um neoclassicismo insípido e ir em direção da pureza, vigor e simplicidade da arte popular. É o *Volk* que redimirá uma civilização moribunda no topo. A vitalidade animal das massas rejuvenescerá uma sociedade apática. A cultura é, nesse sentido, uma crítica interna da civilização. "O que os tribunais e academias, bibliotecas e galerias fizeram pela educação do país, do

48 T.W. Rolleston (org.), *Thomas Davis: Selections from His Poetry and Prose* (Dublin: Talbot Press, 1920), p.172.

povo, dos súditos?", Herder pergunta com desdém.[49] A canção popular é, naturalmente, tão artificial quanto a ópera wagneriana, e a própria noção de *Volk* é uma invenção de intelectuais de classe média; mas Herder estava convencido de que a arte de Homero, Sófocles e Shakespeare era nutrida pela cultura popular de sua época, e que essa fonte perpétua de energia criativa deveria ser novamente explorada em seu próprio tempo. É como se a cultura popular representasse o inconsciente coletivo sobre o qual os artistas individuais podem se basear.

A fábula e a canção do passado, então, estabelecerão a fundação do futuro. É a uma literatura nativa que a tarefa de construção da nação deve ser confiada. As artes devem mais uma vez se tornar fenômenos públicos, intervenções sociais em vez de diversões ociosas. A estética deve ser subordinada à ética, a civilização à cultura, o artificial ao espontâneo, a palavra escrita à voz viva e as classes altas ao povo comum. O projeto de Herder combina vários sentidos diferentes da palavra "cultura": a cultura como as artes deve ser nutrida pela cultura como uma forma distinta de vida (a da população), para que a cultura no sentido de civilização como um todo possa ser recuperada. Para Burke, o poder deve cortejar a cultura do povo; para Herder, em seu momento mais militante, ele deve abdicar e permitir que esse modo de vida reine em seu lugar. Para que o povo possa tornar-se seu, o Estado deve definhar.

* * *

Poucos pensadores podem parecer mais distantes do populismo romântico de Herder do que a figura mandarim de T. S. Eliot. No entanto, Eliot, que era fã de jazz e do teatro popular, está, à sua maneira patrícia, tão preocupado com a cultura popular quanto seu equivalente alemão, qualquer que seja o abismo político entre os dois. Assim como para Burke, a palavra "cultura" para Eliot significa,

49 Barnard (org.), J.G. Herder, p.203.

em primeiro lugar, o inconsciente social. Significa "*todo o modo de vida* de um povo, do nascimento ao túmulo, da manhã à noite e até mesmo durante o sono",[50] mas esse modo de vida não é um do qual podemos estar totalmente cientes. Uma cultura, comenta Eliot, "nunca pode ser totalmente consciente – há sempre mais nela do que temos consciência; e não pode ser planejada porque é sempre o pano de fundo inconsciente de todo o nosso planejamento".[51] Em termos heideggerianos, a cultura representa o conjunto de pré-entendimentos ou a orientação primordial para o mundo que torna nosso pensamento e ação possíveis em primeiro lugar, e assim sempre escapará à nossa compreensão como um todo. Na linguagem lacaniana, é o campo do Outro dentro do qual qualquer outro específico pode ser visto emergindo.

Vale a pena notar o salto da afirmação de Eliot de que a cultura nunca pode ser totalmente consciente para a afirmação de que ela nunca pode ser planejada. Se ela pode ser consciente até certo ponto, como ele parece sugerir, então algum grau de planejamento certamente pareceria possível. O fato de que não podemos examinar todas as nossas suposições mais arraigadas o tempo todo (já que algumas delas constituirão o contexto dado por detrás do exame) não nos impede de implementar uma política regional de artes ou organizar um sistema ferroviário nacional. Como um oponente conservador da intervenção estatal e da engenharia social, Eliot muda aqui de forma bastante tortuosa de uma afirmação filosófica para uma afirmação tacitamente política. Ele corre, portanto, o risco de dar o passo ideológico na direção oposta, fazendo com que a cultura pareça um fenômeno demasiado determinista. Se somos moldados até o âmago por essas forças profundamente inconscientes, em que sentido podemos ser responsáveis por nós mesmos? E qual é o preço então de nossa fé religiosa ou convicções monarquistas?

50 T.S. Eliot, Notes towards the Definition of Culture, p.31.
51 Ibid., p.94.

Pode ser uma surpresa que Eliot, um conservador anglo-católico que sustenta que a grande maioria dos homens e mulheres são incapazes de pensamento genuíno, se declare fortemente a favor de uma cultura comum. O caso parece menos curioso quando se reconhece que uma cultura comum, em sua visão, não seria de forma alguma igualitária. Todos os cidadãos participarão da mesma forma de vida, mas o farão de maneiras notavelmente desiguais. A mesma cultura será vivida inconscientemente pelas pessoas comuns e conscientemente pela minoria. Um grupo de intelectuais refletirá sobre verdades fundamentais, enquanto a grande maioria dos homens e mulheres aderirá a alguma versão desses valores sem estar ciente de que o faz. Em vez disso, eles os viverão espontaneamente, em sua conduta cotidiana e observância ritual. De fato, se as pessoas comuns devem viver por valores espirituais enquanto são incapazes de muita autorreflexão, essa forma inconsciente de vida refinada pareceria inevitável. Além disso, muita análise conceitual fria pode causar estragos em suas lealdades e alianças espontâneas. Cultura, surpreendentemente, é tanto o tipo mais sutil de conhecimento quanto aquilo que sabemos, mas não precisamos saber que sabemos. Assim como você pode ser hemofílico sem estar ciente disso, você pode ser profundamente aculturado enquanto é totalmente ignorante do fato. Não pode, no entanto, haver questão de estender conscientemente os valores da minoria à população como um todo, uma vez que "tentar fazer com que todos compartilhem da apreciação dos frutos da parte mais consciente da cultura é adulterar e baratear o que está sendo oferecido".[52]

A ordem social que Eliot tem em mente seria de uma persuasão cristã, na qual um sacerdócio secular de intelectuais e as classes altas mais socialmente conscientes presidiriam benevolentemente sobre os fiéis simples. É verdade que, na época em que ele propôs esse ideal, a fé religiosa estava perdendo terreno com as massas por pelo

52 Ibid., p.106–7.

menos um século. Mesmo assim, seria difícil estabelecer as fundações de tal comunidade sem fé religiosa, uma vez que poucas outras formas culturais são compartilhadas pela elite e pela população, e aquelas que tanto prelados quanto encanadores têm em comum carecem da profundidade espiritual necessária. O críquete, ou uma admiração pela arte consumada da canção "The Teddy Bear's Picnic", dificilmente fornecerão o cimento da ordem social.

Burke, como vimos, deseja preservar uma cultura elitista, mas está convencido de que ela deve ser receptiva às devoções da população se quiser sobreviver. Herder, mais subversivamente, apela à civilização dos governantes para que se renda à cultura dos governados. O caso de Eliot é mais complexo. Ao contrário de Herder, ele não eleva a cultura popular acima da arte de um círculo; em vez disso, ele pretende forjar um vínculo entre os dois. Ele não pretende substituir a arte elevada por lenda e folclore, mas permitir que essa arte seja alimentada por tais recursos férteis e, assim, redescobrir suas raízes no inconsciente social. Na verdade, esta não seria uma má descrição de *The Waste Land*, um pedaço de cultura minoritária que, no entanto, se baseia em mitos e motivos arrancados do chamado inconsciente coletivo. É por isso que Eliot, de forma um tanto absurda, afirma que preferiria que seus leitores fossem semianalfabetos, apesar de toda a dificuldade formidável de sua obra. Um leitor semianalfabeto, inocentemente não distraído por questões intelectuais, provavelmente será mais receptivo às implicações inconscientes de sua poesia. Ele é relativamente indiferente à questão de se seus leitores estão atentos às suas alusões abstrusas, já que sua poesia vai furtivamente trabalhar nelas em um nível muito menos conceitual. De fato, ele próprio afirmou ter gostado de ler Dante antes de entender uma palavra de italiano. É preciso ler com as entranhas e terminações nervosas, em vez de com a mente. Assim como com Burke e Herder, pensar é um assunto corporal. No nível consciente, as culturas minoritárias e de massa devem ser mantidas rigorosamente separadas para que a extensão da primeira à última não resulte em sua diluição e decadência; mas pode haver uma espécie de tráfego subliminar entre as duas esferas, pois o que se poderia chamar de dimensão articulada de uma cultura (suas doutrinas religiosas, por exemplo) se infiltra no inconsciente comunitário, que por sua vez molda subrepticiamente seus valores mais explícitos.

A maioria dos teóricos culturais atualmente rejeita as elites como divorciadas da vida comum. Eles caricaturam o caso que descartam e subestimam a malícia de seus defensores. Como a maioria dos elitistas astutos, Eliot reconhece que os valores minoritários dificilmente florescerão a menos que se implantem em solo compartilhado. É uma percepção que ele compartilha com o fascismo. Uma circulação constante de energia pode, portanto, ser estabelecida entre dois sentidos de cultura: como o trabalho de um círculo e como um modo de vida completo. O nível mais alto de cultura, argumenta Eliot, "deve ser pensado como valioso em si mesmo e como um enriquecimento dos níveis mais baixos: assim, o movimento da cultura seguiria em uma espécie de ciclo, cada classe nutrindo as outras".[53] Manter "um alto nível de cultura", ele escreve, "é para o benefício não apenas da classe que o mantém, mas da sociedade como um todo".[54] As massas, em suma, colherão valor da cultura minoritária sem estar cientes do fato, assim como alguém pode se beneficiar de uma mudança na taxa de juros ou de um serviço secreto de inteligência implacavelmente amoral sem sabê-lo. Não está claro como os trabalhadores rurais lucram com o fato de que um pequeno punhado de seus concidadãos aprecia a música de Webern, ou (em um sentido mais amplo de cultura) com o fato de que eles enviam seus filhos para escolas particulares caras; mas é edificante saber que se envolver em tais atividades é, em algum sentido obscuro, filantrópico. Ao trabalhar na história de Carlos, o Calvo, você está, de alguma forma, valorizando a existência de homens e mulheres que nunca ouviram falar dele.

53 Ibid., p.37.
54 Ibid., p.35.

O enriquecimento é bidirecional, no entanto, uma vez que o poeta e o estudioso deixam de ser figuras solitárias. Eles agora podem reivindicar status central na cultura como um todo. A tarefa da intelligentsia é dar expressão supremamente articulada à mente coletiva do povo, não simplesmente às suas próprias reflexões privadas. Yeats, por exemplo, viu sua poesia como dando voz aos mitos e arquétipos do campesinato irlandês. Assim como não é Eliot quem fala em *The Waste Land*, mas o que ele mesmo chama grandiosamente de mente europeia, Yeats é simplesmente um meio, quase no sentido espiritualista, para a sabedoria atemporal da população. Para Martin Heidegger, um pouco mais sinistramente, a tarefa do poeta é emprestar sua língua ao destino da nação. Há empregos para artistas mais uma vez. Em uma era modernista em que alguns deles foram forçados à solidão e ao exílio, é reconfortante imaginar que eles ainda podem falar de algo que não eles mesmos.

Houve muitos comentaristas para quem uma tarefa central do crítico é defender a cultura minoritária da infecção das massas.[55] Eliot, no entanto, tem uma visão diferente, em grande parte porque as massas que ele tem em mente são um campesinato cristão mítico, em vez de um proletariado sem Deus da vida real. Como muitos modernistas, seu objetivo é unir elitismo e primitivismo. O civilizado e o elementar devem entrar em diálogo mútuo. O sofisticado deve ir à escola com o selvagem. Ou, para colocar de outra forma, o intelectual desenraizado deve encontrar um lar entre as pessoas comuns. Eliot era um exilado de seu próprio país, e os exilados são especialmente propensos a romantizar a ideia de enraizamento. De fato, essa pode ser uma razão para o antissemitismo do Eliot inicial, uma vez que os judeus são tradicionalmente considerados andarilhos sem-teto e, portanto, apresentam ao intelectual vagante uma imagem desagradável de sua própria condição. Como alguns outros

55 Para um relato proveitoso dessa tradição, ver Francis Mulhern, *Culture/Metaculture* (Londres: Routledge, 2000).

modernistas (Joyce e Pound me vêm especialmente à mente), Eliot conseguiu racionalizar seu próprio desenraizamento ao descobrir uma unidade mitológica profundamente assentada no próprio coração da civilização, uma nação espiritual da qual párias como ele poderiam ser cidadãos leais.

* * *

Se há uma defesa conservadora para a cultura como o inconsciente social, há uma versão radical dela também. Ambas as posições, como vimos, estão presentes nos escritos de Burke, mas o caso radical também pode ser encontrado em *Culture and Society 1780–1950*, de Raymond Williams:

> Uma cultura vivida é sempre parcialmente desconhecida e parcialmente não realizada. A criação de uma comunidade é um experimento, pois a consciência não precede a criação e não há fórmula para uma experiência desconhecida. Por isso, uma boa comunidade, uma cultura viva, não apenas abre espaço, mas encoraja ativamente todos que possam contribuir para o avanço da consciência, que é uma necessidade comum [...] Precisamos considerar cada laço, cada valor, com toda a atenção, pois não conhecemos o futuro, e não sabemos ao certo o que poderia enriquecê-lo.[56]

Ao contrário de Eliot, Williams vincula o inconsciente social ao fato de que uma cultura é sempre um trabalho em andamento. Se ela nunca pode ser dragada completamente para a consciência, é em parte porque nunca está completa. O inconsciente de uma cultura é, portanto, entre outras coisas, um efeito de sua historicidade. É o futuro que não podemos conhecer, não simplesmente o subtexto

56 Raymond Williams, *Culture and Society 1780-1950* (Harmondsworth: Penguin, 1958), p.334.

oculto de nosso pensamento e ação contemporâneos; e por essa razão nunca podemos ter certeza de quais vertentes culturais do presente se mostrarão frutíferas e quais se tornarão becos sem saída. Eliot, por outro lado, está seguro de quais valores devem ser afirmados e não precisa esperar pelo futuro para descobrir. A historicidade é uma razão pela qual, na visão de Williams, uma cultura nunca pode ser totalizada. Mas também é porque qualquer ordem social moderna, diferente da comunidade homogênea e amplamente rural de Eliot, é, em sua visão, provavelmente "um sistema muito complexo de desenvolvimentos especializados, cuja soma formará a cultura como um todo, embora não esteja disponível, não de maneira consciente, para os indivíduos ou grupos que vivam dentro de sua esfera".[57] O que é consciente para alguns não o é para outros; mas não se trata aqui, como para Eliot, de uma questão de se alguém é proprietário de terras ou caçador clandestino. Para Williams, as dimensões consciente e inconsciente de uma cultura não são distribuídas hierarquicamente, mas são aspectos de um único projeto.

Uma cultura comum para um conservador como Eliot é aquela que é comumente compartilhada, enquanto para o socialista Williams é aquela elaborada em comum. A cultura comum de Williams é mais e menos consciente que a de Eliot: mais, porque envolve a participação ativa de todos os seus membros; menos, porque o que emergirá dessa colaboração insondavelmente intrincada não pode ser nem esboçado com antecedência nem totalmente transparente na criação. Se essa falta de transparência é verdadeira para Eliot, é ainda mais para Williams, já que, quanto mais agentes trabalham ativamente na construção de uma cultura, menos os efeitos de suas ações podem ser apreendidos como um todo. Podemos deixá-lo com a palavra final sobre a questão:

57 Ibid., p.238.

> Temos que planejar o que pode ser planejado, a partir de uma decisão comum. Mas não devemos nos esquecer de que uma cultura é, essencialmente, algo não planejável. Temos que garantir os meios de vida e os meios de comunidade. Mas, uma vez feita essa garantia, não saberíamos dizer o que poderá ser vivido a partir desses meios.[58]

* * *

Até agora, olhamos para uma série de questões na teoria da cultura. A cultura pode ser um modelo de como viver, uma forma de autocriação ou autorrealização, o fruto de um círculo social ou a forma de vida de um povo inteiro, uma crítica do presente ou uma imagem do futuro. Para um autor em cuja vida e obra todos esses temas convergem, podemos nos voltar agora, por meio de resumo, para o pensamento de Oscar Wilde.

58 Ibid., p.335.

4
Um apóstolo da cultura

Assim como seu compatriota Edmund Burke, Oscar Wilde foi educado no Trinity College, Dublin, e mais tarde fez sucesso em Londres. Ambos foram muito preocupados com arte. Burke, como vimos, foi o autor de um tratado sobre estética que tangencia questões políticas, enquanto Wilde era um esteta extravagante cuja devoção à "arte pela arte", como veremos, era entre outras coisas uma forma tortuosa de radicalismo político. Ambos os autores levavam vidas duplas. Burke era um eminente político de Westminster que, no curso de sua carreira de alto nível na Inglaterra, manteve em segredo a verdadeira extensão de suas origens irlandesas. Sua família na Irlanda tinha conexões católicas, um ponto compreensivelmente delicado. Na verdade, um de seus parentes distantes, um padre católico, havia sido enforcado, arrastado e esquartejado pelos britânicos por rebelião política. Não era o tipo de assunto que alguém levantaria de pronto nas cafeterias de Londres. Wilde era socialite e sodomita, de classe alta e oprimido, cidadão respeitável e frequentador de garotos de programa, um *bon vivant* desavergonhado que reivindicava o título de socialista. Seu próprio nome une o gaélico "Oscar" ao inglês "Wilde", ligando um herói mitológico irlandês ao mundo das salas de estar da classe média. Se ele se relacionava com as Lady Bracknells, também se movia à vontade em círculos insurrecionais, com revolucionários como William Morris e Piotr Kropótkin entre os seus amigos.

Tanto Wilde quanto Burke eram mestres da retórica lendários por seu élan verbal, e ambos, como emigrantes irlandeses na Inglaterra, acabaram mordendo a mão que os alimentava. Também tinham em comum um desgosto pelo colonialismo britânico. Embora Burke não fosse hostil ao empreendimento colonial como tal, sentia alguma solidariedade pelos rebeldes da Irlanda e da América, e denunciou um proeminente oficial colonial inglês, Warren Hastings, perante a Câmara dos Comuns. De sua parte, Wilde satirizou as classes altas inglesas em cujas fileiras ele se infiltrou como uma espécie de quinta-coluna. Sua brilhante comédia teatral é impecavelmente convencional e secretamente subversiva. Ele era um socialista e republicano irlandês, filho de uma célebre feminista e rebelde nacionalista, e de um distinto estudioso e patriota irlandês. Ele acreditava que a Irlanda deveria governar a Inglaterra, e não o contrário. Burke e Wilde, dois emigrantes, seriam vítimas do desprezo da Grã-Bretanha por seus súditos coloniais mais antigos. Burke foi ridicularizado como um Paddy, enquanto Wilde foi preso por dormir com um membro da aristocracia inglesa cujo dever filial era reproduzir sua linhagem ancestral em vez de se associar a exóticos estrangeiros gays.

Ambos os irlandeses sentiam compaixão pelos pobres e despossuídos, talvez se vendo como exemplos mais afortunados de tais párias. O escritor irlandês à deriva em Londres e sujeito a abuso racial era uma versão superior do imigrante construtor de estradas, trabalhador ferroviário. Wilde certa vez deu seu casaco a um mendigo na London Bridge. Ambos os tipos de imigrantes foram forçados a sair de sua terra natal, devido à pobreza crônica desta – material no caso do construtor de estradas, cultural no caso dos escritores. Na frase de V. S. Naipaul, os últimos eram "imitadores", que mimetizavam a nobreza inglesa (Wilde teve o cuidado de abandonar seu sotaque irlandês enquanto estava em Oxford), enquanto discordavam, secreta ou abertamente, de sua visão de mundo. Ambos os pensadores defendiam de maneiras diferentes o papel constitutivo da ficção na existência social. Em Londres, Wilde adotou uma persona assumida por uma linhagem de outros imigrantes literários irlandeses na cidade, de Oliver Goldsmith a Brendan Behan, a de bobo da corte licenciado do *establishment* inglês. No entanto, como outro bobo da corte irlandês, George Bernard Shaw, alertara, era um papel perigoso. Era preciso tomar cuidado para não se tornar o prego mais saliente, sob o risco de marteladas selvagens dos nativos, e a prudência nunca foi a virtude mais evidente de Wilde. Cinco anos antes de sua ruína, os ingleses haviam dado caça a outro anglo-irlandês, o líder nacionalista Charles Stewart Parnell, dessa vez por um escândalo hétero e não homossexual, forçando-o a um ocaso político no qual ele morreria, arrasado, um ano depois. Tanto Wilde quanto Parnell foram cortejados e admirados, apenas para depois serem atirados ao frio, como imorais. Seus algozes não conseguiam entender que, se Wilde era gay, era entre outras coisas porque achava a heterossexualidade um clichê intolerável. Na verdade, ele era o tipo de homem que quase teria preferido cair em desgraça aos olhos do sistema judicial inglês do que ser vítima de um estereótipo. Toda a sua vida foi uma longa prática antinatural.

Wilde veio da cidade que James Joyce depois irá soletrar como "Doublin", e quase tudo sobre ele era duplicado, dividido, ambíguo: uma questão de "dois pensares ao mesmo tempo", como diz Joyce em *Finnegans Wake*. Wilde declarou que uma verdade na arte é aquela cujo oposto também é verdadeiro, e o mesmo pode ser dito de sua própria carreira, brilhante e manchada. A divisão está lá, em Dorian Gray, essa criatura da imaginação wildeana, por trás de cuja aparência, de feições suaves, há um segredo podre e terrível. A peça mais conhecida de Wilde, *The Importance of Being Earnest* [*A importância de ser prudente*], é sobre códigos secretos, identidades divididas e origens obscuras, empilhando ilusão sobre ilusão, e cética em relação a toda distinção rígida entre fato e ficção. Enquanto o público do West End se emocionava com seu engenho ebuliente, o colarinho do dramaturgo estava prestes a sentir a mão do policial; e, quando isso finalmente aconteceu, o show teve que ser cancelado.

O Domínio Protestante anglo-irlandês no qual Wilde nasceu era um grupo deslocado e desarraigado, ao mesmo tempo exilados internos na Irlanda e marginais em relação ao continente britânico. Na verdade, a carreira de Wilde corresponde com estranha exatidão ao declínio e queda de sua própria linhagem anglo-irlandesa. A Igreja da Irlanda à qual os Wilde juraram lealdade foi extinta em sua juventude; a insatisfação popular ganhou força ao longo de sua vida; e sua própria desgraça e morte, por volta da virada do século XIX, coincidiram com os Land Acts, uma notável revolução vinda de cima, que privou a pequena nobreza anglo-irlandesa de suas propriedades rurais, distribuídas entre seus locatários. Como Jack Worthing em *Earnest*, a origem de Wilde também foi um término. Ele nasceu em uma casta em extinção, e sua própria identidade fraturada refletia a de um povo que não saberia dizer com certeza quem era. Assim como os ricaços anglo-irlandeses finalmente derrubaram o teto sobre suas próprias cabeças, o estilo de vida imprudente e perdulário de Wilde parece ter cortejado o desastre de forma quase deliberada. Era como se ele estivesse provocando o *establishment* inglês a fazer o pior, e ele não demorou a aceitar a provocação. Se Wilde parece ter flertado com a morte, agarrando as flechas do martírio em seu corpo como seu São Sebastião, o seu santo favorito, pode ser entre outras coisas porque o esteta que havia nele foi atraído pela pureza luminosa da morte. No final, seu crime foi ser inteligente demais, insistir na importância de não ser sincero e ser ele mesmo de forma excessivamente extravagante e descarada.

Como muitos emigrantes literários nas costas britânicas, Wilde se dedicou à tarefa de se reinventar, tornando-se *plus anglais que les anglais*, imitando seus anfitriões ao mesmo tempo que zombava deles. Não era fácil dizer se sua imitação era bajulação ou paródia, ou ainda se esta última poderia ser a forma mais sincera da primeira. Seus epigramas são tiradas sagazes que de repente dão errado, contêm uma reviravolta perversa ou uma picada suavemente maliciosa. Apropriam-se de um lugar-comum da classe média inglesa e o desmantelam, virando-o de cabeça para baixo ou rasgando-o de dentro para fora, preservando a forma enquanto invertem maliciosamente o conteúdo. "Toda poesia ruim brota de um sentimento genuíno"; ou "a única coisa que realmente se sabe sobre a natureza humana é que ela muda". Wilde sentia a perversidade do colonizado, que, diante de uma norma, sente um comichão de violá-la. Tinha o instinto da improvisação, experimentava, inventava-se à medida que avançava. Entre seus muitos desvios estava a ambição deslavada de se tornar um grande escritor menor. Se fez questão de ser "original", foi em parte porque estava ciente de como a Irlanda poderia parecer uma paródia pobre ou uma imitação malfeita de seus proprietários metropolitanos. Foi isso, entre outras coisas, que o inspirou a ofuscar os nativos em seu próprio jogo, empregando suas formas e convenções ainda mais habilmente do que eles próprios, e revelando, ao fazê-lo, algo de sua arbitrariedade e absurdo. O próprio fato de que tais formas pudessem ser tão facilmente apropriadas sugeria que não eram tão autênticas quanto pareciam.

Se Wilde era um imitador tão habilidoso, é em parte porque era cético em relação à noção de uma identidade estabelecida. Não é nenhuma surpresa que um descendente do povo "anglo-irlandês" assim hifenizado visse a individualidade como provisória e problemática. Para Wilde, assim como para seu compatriota William Butler Yeats, o "eu" era uma máscara, uma ficção conveniente, uma postura efêmera ou uma performance teatral. O mais próximo que alguém poderia chegar da verdade era cultivar um senso adequadamente irônico de sua própria falsidade. Um povo colonial tem menos probabilidade de se entusiasmar com a ideia de continuidade ininterrupta de individualidade do que seus governantes. Havia pouco que fosse estável ou contínuo na história miserável da terra natal de Wilde. Como um imitador talentoso de si mesmo, ele tinha uma fé profunda no que Lênin uma vez chamou de "realidade das aparências". Mesmo o eu humilhado e castigado em *De Profundis* é, em certo sentido, a mais recente de suas personas dramáticas. Se ele foi seduzido pela vida da alta sociedade inglesa, é em parte porque se deleitou com a irrealidade de suas formalidades sociais e suas personalidades superficiais. O mundo de Mayfair e Chelsea lhe pareceu por si mesmo uma obra de arte consumada. Se ele gostava tanto de crianças, escrevendo histórias para elas que são mais politicamente explosivas do que parecem, é em parte porque a inocência delas lhe permitiu escapar de sua própria culpa inveterada, mas também porque as crianças ainda não adquiriram um centro para si mesmas.

Os irlandeses não tiveram apenas que enviar gado para os britânicos; também tiveram que escrever grande parte de sua comédia teatral. De Goldsmith e Sheridan a Wilde, Shaw, Synge e Beckett, esses "insiders/outsiders" anglófonos estavam bem-posicionados para entender as convenções sociais e de palco inglesas; mas como recém-chegados da outra ilha de John Bull, também podiam lançar um olhar sarcástico sobre sua gratuidade e falta de fundamento, de uma maneira mais desimpedida que os escritores locais. É sempre mais fácil para o outsider detectar algo da natureza construída da realidade social, desnaturalizando o que os pensadores nativos tendem a tomar espontaneamente como dado. A tensão entre os pontos de vista internos e externos pode então se mostrar como uma fonte frutífera de comédia.

Wilde foi um dos vários escritores irlandeses que desembarcaram nas costas da Grã-Bretanha com pouco além de sua eloquência. O que lembramos dele no final é a conversação, enquanto um epigrama coruscante cai nos calcanhares de outro em uma espécie de hemorragia permanente de sagacidade. De Burke e Sheridan a Edward Carson, o advogado de acusação de Wilde e antigo colega em Dublin, a Grã-Bretanha lucrou com a perícia retórica dos irlandeses.

Palavras não custam nada; sagacidade, fantasia e exuberância verbal eram o dote desses homens, que o exerciam em meio a uma existência colonial estéril. Aqueles que vêm de uma colônia que testemunhou a quase destruição de sua língua nativa provavelmente têm uma sensibilidade mais aguçada para a palavra do que outros que podem tomar o jargão nativo como correto. Como a língua em que escrevem não é exatamente a sua, tendem a abordá-la com uma autoconsciência mais refinada do que aqueles alojados com segurança dentro dela, e essa autoconsciência se prestou facilmente ao experimento modernista. James Joyce observou que os irlandeses estavam condenados a se expressar em uma língua que não era a sua,[1] mas pela mesma razão eles podiam reinventá-la com um brio que os autores nascidos na Inglaterra dificilmente poderiam igualar. Ser marginal em relação a uma língua e uma cultura é também ser mais livre do que os nativos em relação a suas formas e convenções dominantes e, portanto, é ser menos limitado por elas. Esta é uma das várias razões pelas quais, de Yeats a Beckett, a Irlanda se mostrou mais hospitaleira ao modernismo do que qualquer outra região das Ilhas Britânicas. O modernismo literário é, entre outras coisas, o ponto em que a língua se torna consciente de si mesma, uma situação familiar o suficiente para aqueles que já se encontram presos entre duas ou mais formas de discurso. É difícil imaginar *Finnegans Wake* sendo escrito em Hampstead.

Ninguém pode viver apenas pela cultura, mas Wilde chegou mais perto de fazê-lo do que quase todos os seus contemporâneos. Ele é conhecido como um expoente da arte pela arte, mas isso não era, em sua opinião, uma questão de fugir da vida para a arte. Ao contrário, era uma questão de transformar a vida de alguém em uma obra de arte – de estetizar a existência cotidiana. Viver esteticamente não significava para Wilde simplesmente fazer uma pose elegante ou ostentar o talhe certo de colete, mas realizar os próprios poderes criativos

1 Richard Ellmann, *James Joyce* (Oxford: Oxford University Press, 1982), p.226.

da forma mais plena e livre possível. Ele foi, em suma, um dos últimos herdeiros do grande ideal helênico, tal como forjado pelo humanismo romântico. A arte era um protótipo de como viver, não um substituto para a vida. Para Wilde, essa autorrealização era não apenas compatível com moralidade, mas de fato era a moralidade, em contraste com o moralismo de chumbo inglês, que, como Shaw ironicamente observou, sempre divertiu os irlandeses. Um homem que, como Wilde, via graça na morte da pequena Nell de Dickens, dificilmente poderia se afligir com o senso de nobreza de Matthew Arnold. Em geral, a Irlanda é uma sociedade pouco moralista, um fato que pode ter a ver com o status minoritário da herança protestante. Nesse sentido, ela difere dos Estados Unidos, sempre tão sérios, tão elevados e sinceros, apesar dos laços históricos entre as duas nações.

Wilde era sua melhor obra de arte, um homem que passou a vida se esculpindo a si mesmo, um plagiador e propagandista de si, dono de uma devoção religiosa à realização de seu próprio potencial. Isso se devia em parte ao fato de ser um hedonista descarado; mas também porque reconhecia a patologia inerente ao culto vitoriano do altruísmo e do sacrifício. Havia algo corrupto na nobreza inglesa. Como William Blake, Wilde estava ciente de que o altruísmo pode ser a face sentimental do egoísmo. Em *The Soul of Man Under Socialism* [*A alma do homem sob o socialismo*], ele fala da "doentia arenga sobre o dever" e da "hedionda arenga sobre o sacrifício",[2] consciente de que as principais vítimas dessa farsa eram as mulheres. Ele próprio fora editor de um jornal feminino. Gwendolen, em *The Importance of Being Earnest*, defende que o lar é a esfera adequada para um marido e que, uma vez ele comece a negligenciar seus deveres domésticos, torna-se efeminado. Wilde desprezava a moralidade farisaica para a qual uma ação não poderia ser virtuosa a menos que parecesse desagradável. Para essa ética silenciosamente sádica, o eu deveria ser refreado em

2 Oscar Wilde, 'The Soul of Man Under Socialism', in Terry Eagleton (org.), *Oscar Wilde: Plays, Prose Writings and Poems* (Londres: Everyman, 1991).

vez de cultivado. Em um clima moral tão hipócrita, o individualismo floreado de Wilde era uma política em si. Em sua resolução de não esconder as suas próprias realizações, ele atraiu para si a ira e o ressentimento de uma ordem social que postergara a sua própria gratificação e consternava-se ao ver alguém que se recusava a aceitar essa autopunição sem sentido.

Wilde estava perfeitamente ciente de que somente uns poucos indivíduos como ele poderiam se moldar livremente. No entanto, ele também reconheceu que a sua sorte poderia prefigurar um futuro no qual a grande maioria das pessoas seria capaz de fazer o mesmo. Em um paradoxo ultrajante, sua escandalosa autoindulgência oferecia um vislumbre de utopia. O estereótipo do Mick, o irlandês irresponsável, que não gostava de esforço excessivo, cabia tanto ao aristocrata inglês ocioso quanto ao crítico socialista. Tal é, com efeito, o tema de *The Soul of Man Under Socialism*, que antecipa uma época em que o trabalho terá sido mecanizado e homens e mulheres estarão livres para o cultivo individual. O objetivo do socialismo é o individualismo. Se não é bem assim que o próprio Marx teria colocado a questão, a formulação é próxima o suficiente de seu pensamento. Marx tem um senso romântico da riqueza e diversidade das vidas individuais, e sustenta que somente sob o socialismo essa riqueza espiritual pode ser emancipada.

Ele espera ansiosamente pelo que chama de "desenvolvimento absoluto das potencialidades criativas, com o desenvolvimento de todos os poderes humanos como um fim em si mesmo",[3] e escreve n'*O Capital* que esse "florescimento" das energias humanas é por si só suficiente para que se exija a redução da jornada de trabalho.[4]

O socialismo, em suma, é uma questão de lazer, não de trabalho. Enquanto William Morris e o movimento de artes e ofícios buscavam converter o trabalho em uma forma de arte, Marx e Wilde

3 Karl Marx, *Grundrisse* (Harmondsworth: Penguin, 1973), p.488.
4 Karl Marx, *Capital* (Nova York: International Publishers, 1967), vol. 2, p.820.

tinham a intenção de automatizá-lo para que homens e mulheres pudessem ter tempo para uma ocupação mais vital, o autodesenvolvimento, que também pode ser extenuante. Em termos que lembram John Ruskin, com quem trabalhou enquanto era estudante de graduação em Oxford, Wilde fala de seu "lamento de que a sociedade tenha sido construída em tal base que o homem tenha sido forçado a uma ocupação que não lhe permite desenvolver livremente o que ele mesmo tem de maravilhoso, fascinante e delicioso – no qual, de fato, ele perde o verdadeiro prazer e a alegria de viver".[5] Sob o socialismo, com certeza, o trabalho continuará sendo a base da existência social; mas a produção material existirá em grande parte em prol da cultura, e a cultura (no sentido de livre autorrealização) alcançará uma certa autonomia. Quanto mais excedente econômico alguém puder gerar, mais emancipado estará da necessidade de trabalhar. Assim como um tratamento bem-sucedido de psicoterapia, o econômico existe para se extinguir. Marx e Wilde acreditavam em criar as condições materiais em que poderíamos ser menos servilmente dependentes do material. Para nos livrarmos de nossa obsessão com o econômico, uma revolução econômica é essencial. Somente o socialismo pode nos livrar dessa monomania, já que sob o capitalismo o impulso para a acumulação é infinito. A lógica do mercado garante que nós, modernos, trabalhemos pelo menos tão duro quanto nossos ancestrais neolíticos. A tecnologia é empregada para intensificar a exploração, não para aboli-la. Wilde estava consciente de quão ociosamente utópica sua visão pareceria para aqueles cujos ancestrais tinham sentido exatamente o mesmo acerca de campanhas para acabar com o trabalho infantil ou o tráfico de escravos. Qualquer mudança radical no status quo estava fadada a parecer irreal para aqueles cujo senso de possibilidade era definido por ele. Um mapa-múndi que não incluísse a utopia, ele observou, sequer merecia ser contemplado.

---

5 Wilde, 'The Soul of Man Under Socialism', in Eagleton (org.), *Oscar Wilde*, p.263.

The Soul of Man Under Socialism argumenta que a propriedade privada é inimiga do verdadeiro individualismo e deve ser eliminada em prol do interesse dos ricos. Também afirma que muitos dos pobres são ingratos, rebeldes e desobedientes, e têm razão em sê-lo; que os agitadores políticos são um grupo de intrometidos que lançam as sementes do descontentamento, razão pela qual são tão profundamente necessários; que o altruísmo impede a abolição da pobreza; que a reforma social é míope; que a família deve ser repudiada; e que o progresso histórico ocorre por meio da revolta e da agitação. Não é exatamente o que as duquesas e os ministros do Gabinete que idolatravam o dramaturgo da moda queriam ouvir. Talvez, como o próprio Wilde por vezes, eles não tivessem certeza de até que ponto ele falava sério. A distinção entre solenidade e frivolidade é uma das muitas polaridades que ele tenta desmantelar.

No entanto, se *The Soul of Man* é o trabalho de um socialista, também é o produto de um elitista que despreza o público e anuncia de forma nada herderiana que "o povo suborna e brutaliza".[6] Como de costume, Wilde está praticando o pensar duas coisas ao mesmo tempo. Longe de idealizar a população, ele a vê como desprovida de cultura e civilização, e adverte o artista a ignorá-la. A distinção entre elitismo e socialismo é, na verdade, entre presente e futuro. A lógica de Wilde é brutal, mas precisa. Enquanto homens e mulheres estiverem calejados pela pobreza e pelo trabalho árduo, não poderão ter uma resposta adequada à cultura, e a arte, enquanto tentar se acomodar à inepta apreciação popular, ficará comprometida. Ela corre o risco de perder seu verdadeiro valor, que é fornecer o protótipo de um futuro em que a pobreza e o trabalho árduo não existiriam mais. Onde a arte esteve, lá a humanidade estará. Então, e somente então, aqueles que atualmente são oprimidos pelas circunstâncias materiais poderiam florescer como indivíduos livres. Ironicamente, quanto menos a arte se ocupa com os problemas sociais atuais, mais política

6 Ibid., p.283.

ela se torna. Permanecendo em silêncio sobre tais assuntos, repudiando o realismo e o naturalismo, ela pode ser de maior ajuda para a humanidade. Quando a arte dá as costas ao conteúdo social e político, ela destaca a autonomia da forma; e essa autonomia é uma questão de livre autodeterminação, é um assunto moral e político, bem como estético, prenunciando o futuro reino da liberdade de dentro do reino da extrema necessidade.

A distinção de Wilde entre presente e futuro é absoluta, e é conveniente para ele mesmo. Isso significa que ele pode continuar a satisfazer seu gosto por móveis estupidamente caros enquanto vê suas ações como uma prévia do futuro socialista. Mesmo assim, há um realismo férreo em sua visão de cultura, que está mais próxima de Marx do que de Schiller ou de Ruskin. Como Marx, ele está preocupado com as condições materiais que teriam de prevalecer para que o maior número possível de pessoas se tornasse espíritos livres. Por conta de a cultura ser geralmente entendida como o oposto de assuntos materiais, essa questão raramente é colocada. É verdade que a cultura transcende a necessidade material, e é da nossa natureza exceder a necessidade estrita dessa forma, como o Rei Lear aliás reconhece. No entanto, são as condições materiais que determinam até onde isso pode ser possível. Oscar Wilde pode ter sido um dândi, e em *De Profundis* ele se aproxima perigosamente de se confundir com Jesus Cristo; no entanto, há uma agudeza em sua compreensão dessas questões que ainda tem a capacidade de nos surpreender, e não apenas porque não esperamos tamanha astúcia de um boêmio vagabundo.

Na época da morte de Wilde, o conceito de cultura havia adquirido diversos significados. Se o conceito se destacou no movimento estético para o qual Wilde se sentiu atraído, também desempenhou um papel fundamental no nacionalismo revolucionário que também o agradou. No culto da arte pela arte, a cultura aspirava à condição de uma nova religião, mas também estava prestes a explodir no mundo como uma nova forma de produção em massa. É para essas várias fontes da ideia moderna de cultura que podemos agora nos voltar.

5
De Herder a Hollywood

O conceito moderno de cultura tem muitas fontes. A ideia ganhou destaque pela primeira vez no final do século XVIII como uma crítica ao industrialismo, mas também como uma repreensão à noção de revolução. Mais ou menos na mesma época, tornou-se um conceito-chave na linguagem do nacionalismo romântico. À medida que o século XIX se desenrolava, a noção de cultura tornou-se parte dos debates sobre colonialismo e antropologia, mas também passou a servir como um substituto para valores religiosos em declínio. Nas primeiras décadas do século XX, a cultura floresceu como uma grande indústria, entrando na consciência popular de maneiras novas e inusitadas. Nas décadas intermediárias do mesmo século, tornou-se um fator vital em novas formas de conflito político, um fenômeno que surgiu em nosso próprio tempo sob o disfarce do multiculturalismo e das políticas identitárias. Analisamos a questão da cultura e da revolução na obra de Edmund Burke; podemos agora dizer uma palavra sobre essas outras questões.

Em *Sobre a educação estética do homem* (1795), Friedrich Schiller lamenta uma condição em que

> O próprio homem, eternamente acorrentado a um pequeno fragmento do Todo, desenvolve-se em nada além de um fragmento, ecoando em seus ouvidos o monótono som da roda que ele gira. Ele não desenvolve a harmonia do seu ser, e, em vez de colocar o selo da humanidade em sua própria natureza, torna-se nada mais do que a marca de sua ocupação ou de seu conhecimento especializado.[1]

A civilização está em guerra com a cultura: a divisão do trabalho, o aumento no conhecimento empírico, a complexa maquinaria do Estado moderno e uma distinção mais rigorosa entre classes conspiraram para dividir a natureza interna da humanidade, de modo que "um conflito desastroso coloca seus poderes harmoniosos em desacordo".[2] É o lamento da chamada *Kulturkritik*, que ecoará pela era moderna de William Blake a Herbert Marcuse. Industrialismo, tecnologia, competitividade, a busca do lucro e a divisão do trabalho resultaram em capacidades atrofiadas e poderes dissociados. D. H. Lawrence se queixa da "imposição básica de toda a energia humana em uma competição de mera aquisição".[3] Uma sociedade inorgânica aleijou nossa humanidade comum, enquanto modos mecanicistas de pensamento levaram a imaginação criativa ao exílio. É a imaginação que nos permite divisar possibilidades alternativas ao presente, uma capacidade que a torna uma força política e também estética. Agora, no entanto, o visionário cedeu ao tecnocrata. Antes, a natureza humana formava um todo harmonioso, à medida que homens e mulheres realizavam seus poderes de maneiras abrangentes; hoje, os indivíduos estão esgotados, são unidimensionais, meros fragmentos da humanidade, funções de um sistema mecanicista, em vez de agentes de sua própria história.

---

1 Friedrich Schiller, *On the Aesthetic Education of Man*, trad. Elizabeth M. Wilkinson and L.A. Willoughby (Oxford: Clarendon Press, 1967), p.35.

2 Ibid., p.33.

3 Apud Raymond Williams, *Culture and Society 1780-1950* (Harmondsworth: Penguin, 1958), p.201.

"No próprio seio da vida social mais primorosamente desenvolvida", queixa-se Schiller, "o egoísmo fundou o seu sistema".[4] Uma ordem industrial alimentada pela rivalidade e ganância rompeu os laços tradicionais entre os indivíduos, aprisionando cada um em sua própria cela solitária. O próprio tecido da sociedade está em perigo. Os relacionamentos humanos se tornaram contratuais em vez de orgânicos. "Nossa civilização", comenta Lawrence, "praticamente destruiu o fluxo natural de simpatia comum entre homens e homens, e homens e mulheres".[5] A razão foi reduzida a um modo instrumental e sem vida de racionalidade, que não faz mais do que calcular sua própria vantagem. A natureza foi drenada de sua vitalidade interna e reduzida a matéria morta para manipulação humana. O que domina as vidas humanas é a utilidade, para a qual nada pode ser precioso em si mesmo. As coisas valem a pena só na medida em que são meios para atingir algum fim. Nada pode existir simplesmente por existir. Costumes e afetos que a utilidade julga sem valor devem ser postos de lado.

Sentimentos e crenças que ameaçam distorcer uma compreensão objetiva do mundo devem ser dissipados. Com Schiller, Blake, Ruskin, Morris e Lawrence, estamos falando da resposta romântica ao capitalismo industrial – dois fenômenos que são gêmeos no nascimento; e é em nome da cultura, concebida como uma totalidade harmoniosa de poderes humanos, que a sociedade industrial é julgada.[6]

Esse é um novo desenvolvimento, embora não sem precedentes. Para Jane Austen, por exemplo, a cultura é essencialmente uma questão de cultivo individual. É uma questão de refinamento e gentileza. No entanto, uma vez que esses valores constituem uma reprovação ao esnobismo, ao interesse próprio, à ascensão social, à frivolidade

4 Schiller, *On the Aesthetic Education of Man*, p.27.

5 Apud Williams, *Culture and Society*, p.215.

6 O relato clássico dessa linha segue sendo o *Cultura e sociedade* de Raymond Williams.

irracional, à grosseria moral e à autoindulgência material, eles também têm uma influência na qualidade da existência social como um todo, assim como a cultura no sentido da imaginação criativa para Blake e Coleridge. Para escritores do início do século XVIII, como Joseph Addison, Richard Steele e Anthony Ashley Cooper (terceiro conde de Shaftesbury), o que outros mais tarde chamarão de "cultura" é conhecido como "polidez"; e a polidez, como uma forma de conduta graciosa que promove a harmonia social, une a moral e a estética assim como a ideia de cultura o fará para pensadores posteriores.

O impulso por trás da "polidez", como mais tarde por trás da ideia de cultura, é político. A Inglaterra pós-Restauração sentiu a necessidade de construir uma nova esfera pública que atuasse como um contrapeso à Igreja e à corte. Dentro dessa arena, algumas das virtudes aristocráticas tradicionais (gentileza, afabilidade, elegância, refinamento e semelhantes) poderiam ser enxertadas em uma classe média urbana emergente e carente de polimento. Por esse meio, as duas classes sociais seriam fundidas, e o bloco de poder governante seria consolidado. Surgiu assim, na Inglaterra do século XVIII, o que um comentador descreve como "uma nova gama de instituições sociais, discursivas e culturais",[7] quando clubes, cafeterias, assembleias, periódicos, jardins públicos e teatros se tornaram novos domínios do discurso esclarecido da classe média. A filosofia deveria ser emancipada do estudo e do claustro para desempenhar seu papel em um novo projeto de modelagem moral e social. A razão deveria ser definida como uma questão de conversação – de um diálogo livre, igualitário e aberto entre cavalheiros sobre questões de ética, gosto, maneiras e boa educação. Como Joseph Addison observou em seu jornal diário *The Spectator*, "Eu tirei a filosofia dos armários e bibliotecas, escolas e faculdades, trazendo-a para clubes e assembleias, rodas

7 Lawrence E. Klein, *Shaftesbury and the Culture of Politeness* (Cambridge: Cambridge University Press, 1994), p.11.

de chá e cafeterias".[8] A cultura, no sentido de certos valores estimados, deveria ser disseminada por toda a cultura no sentido de uma forma de vida compartilhada. Era uma maneira inovadora e ambiciosa de conceber uma política cultural, e foi também notavelmente eficaz.

Autores como Schiller herdam essa concepção social de cultura diante de novas pressões políticas. Escrevendo com o som do terror revolucionário francês em seus ouvidos, Schiller, como Burke, vê a necessidade de uma política de consenso em vez de uma de coerção bruta, e a cultura ou estética fornece um protótipo de tal harmonia. Sua obra *Sobre a educação estética do homem* é, entre outras coisas, uma alegoria política, na qual (como tantas vezes na história da filosofia) as relações entre a razão e os sentidos nunca estão longe das relações entre a classe dominante e a população. É como se as pessoas comuns representassem uma multidão de sensações desordenadas que devem ser moldadas na forma de uma obra de arte, e a cultura é o processo pelo qual esse projeto redentor deve ser alcançado. Se isso não acontecer, Schiller adverte, o Estado será forçado à repressão violenta da sociedade civil e "pisoteará implacavelmente esse individualismo poderosamente sedicioso para não se tornar vítima dele".[9] A luva de pelica da cultura recobre um punho de ferro político.

Por trás da mudança da cultura como cultivo pessoal para a cultura como redenção social está a chegada à cena histórica de um novo ator alarmante: as pessoas comuns, e a classe trabalhadora industrial em particular. O trabalhador, observa Matthew Arnold, "vem em números imensos, é muito cru e rudimentar [...] Às vezes, aquele profundo senso de ordem e segurança estabelecidas, sem as quais uma sociedade como a nossa não pode viver ou crescer, ameaça nos deixar".[10] As massas urbanas estão começando a moldar a história,

8 *Spectator*, n. 10, 12 mar. 1711

9 Schiller, *On the Aesthetic Education of Man*, p.21.

10 Matthew Arnold, *Culture and Anarchy* (Londres: Macmillan, 1924), p.56.

mas seus senhores de classe média sabem assustadoramente pouco sobre seu caráter e sentimentos. Uma nova investigação deve, portanto, ser lançada na Inglaterra mais recôndita, do romance industrial à invenção da sociologia, da retórica de Carlyle às pesquisas de Engels. E se a história não fosse mais obra de grandes homens, mas de vastas, anônimas e subterrâneas forças sociais? O que seria então da cultura dos grandes homens? Se os observadores do século XIX começam a se referir nostalgicamente aos gregos antigos, com seu equilíbrio espiritual e sua sociedade supostamente orgânica, também é por causa das fábricas e das minas de carvão. Seu medo é que, se as massas se mostrarem incapazes de cultivo, ou seja, de se comportar de forma dócil e autodisciplinada, então os próprios fundamentos do Estado podem ser abalados. A menos que a cultura se torne o modo de vida dos estivadores de Liverpool bem como dos professores de Oxford, a existência privilegiada destes últimos pode estar condenada. Nota-se a suposição de que a cultura, como a razão, é um poder inerentemente refreador e moderador. Ela não foi vista dessa forma pelos futuristas e surrealistas, assim como a razão não foi considerada uma força de contenção pelos jacobinos.

"A cultura", escreve Matthew Arnold, "sabe que a doçura e a luz de poucos serão imperfeitas até que as massas cruas e insensíveis da humanidade sejam tocadas com doçura e luz".[11] O termo "cultura" revela o seu oposto: a anarquia. O documento cultural mais celebrado da Inglaterra vitoriana, *Culture and Anarchy* [*Cultura e anarquia*], de Arnold, apela à ideia de cultura como uma forma de neutralizar o descontentamento popular. A cultura não é mais uma questão de unificar os governantes, mas de incorporar os governados. Ao espalhar doçura e luz, ela acalmará os seios plebeus selvagens, dissipará paixões indisciplinadas, reconciliará interesses conflitantes e trará concórdia a uma nação fraturada. Precisamos, comenta Arnold, "oprimir os rudes de Londres, mas em nome do melhor deles

11 Ibid., p.37.

mesmos e de todos nós no futuro".[12] Existem, em suma, raças inferiores, entre nós e no estrangeiro. De fato, à medida que o século XIX se desenrola, a classe trabalhadora industrial passa a ser vista cada vez mais como um continente nebuloso no coração da Europa, um poder de potencial amotinação criado pela civilização e capaz de naufragá-la sem deixar vestígios. A luta entre colonizadores e colonos foi importada das margens para o centro.

Outro sábio vitoriano, John Ruskin, é mais simpático do que Arnold à situação das massas urbanas:

> O grande clamor que se eleva de todas as nossas cidades industriais, mais alto que o ruído de suas fornalhas, resume-se na verdade a isto: fabricamos tudo, exceto os homens; branqueamos o algodão, reforçamos o aço, refinamos o açúcar e moldamos a cerâmica; mas não entra em nosso cômputo de vantagens iluminar, fortalecer, refinar ou formar um espírito humano vivo.[13]

É o argumento de Schiller aplicado às fábricas satânicas e obscuras da Inglaterra. A cultura, chamada por Ruskin de "a bem-sucedida realização da função em coisas viventes",[14] emite um julgamento severo sobre a civilização:

> Nós temos estudado e aperfeiçoado muito, ultimamente, essa grande invenção civilizada, a divisão do trabalho; mas lhe demos um nome falso. Pois, na verdade, o que se divide não é o trabalho, mas os homens – divididos em meros segmentos, quebrados em pequenos fragmentos e migalhas de vida... Essa degradação do operador em máquina, mais do que quaisquer outros males dos tempos, é o que está levando a massa de nações em todos os lugares a uma luta vã, inconsequente e

12 Ibid., p.199.

13 John Ruskin, *Stones of Venice* (Londres: George Allen, 1899), p.165.

14 Apud Williams, Culture and Society, p.139.

destrutiva por uma liberdade cuja natureza elas não conseguem explicar a si mesmas.[15]

Mais uma vez, compaixão e interesse próprio estão discretamente entrelaçados. Se a cultura não puder restaurar um grau de totalidade à humanidade, a humanidade poderá pisotear a cultura em sua fúria por justiça. Ruskin, assim como Arnold, implanta o conceito de forma bastante explícita como um solvente da guerra de classes.

Para essa tradição humanista romântica, a cultura no sentido de arte é preciosa não apenas em si mesma, mas porque oferece uma imagem de como a cultura no sentido de civilização pode ser reformada. Como observa William Morris, "é da alçada da arte definir o verdadeiro ideal de uma vida plena e razoável diante [da humanidade]".[16] Em espírito semelhante, Marx encontra seu modelo de produção não em minas de carvão ou em fábricas de algodão, mas na obra de arte. O comunismo significa a livre realização dos poderes de alguém como fins em si mesmos, e a arte é uma imagem palpável desse projeto. Para Morris e Marx, que representam a ala esquerda da tradição humanista romântica, ela oferece uma alternativa ao trabalho industrial infrutífero. "O objetivo da arte", observa Morris, "é destruir a maldição do trabalho, tornando o trabalho a satisfação prazerosa de nosso impulso em direção à energia".[17] O objetivo da política radical é projetar um sentido de cultura em outro, estender um poder criativo atualmente confinado a uma minoria para a existência social como um todo.

Há problemas, no entanto, com a ideia romântica de autorrealização, assim como com qualquer denominação ética. Alguém deve expressar *todos* os seus poderes? E quanto à sua capacidade de mutilar e explorar? Talvez alguém deva promover apenas aquelas

15 Ruskin, *Stones of Venice*, pp.163ff.
16 Apud Williams, *Culture and Society*, p.150.
17 Apud in ibid., p.154.

capacidades que são verdadeiramente autênticas – que brotam diretamente do núcleo do eu. Mas como alguém pode julgar quais impulsos são desse tipo e quais não são? Em todo caso, e se minha autorrealização colidir com a de outrem? Se o ideal é realizar as próprias capacidades de forma equilibrada e completa, por que isso deveria ser considerado mais valioso do que um único compromisso inabalável? Por que alguém cuja vida é dedicada à busca da justiça não deveria viver tão abundantemente quanto alguém que pode fazer rapel, assobiar sinfonias inteiras, falar estoniano e compreender os princípios da teoria dos conjuntos? A diversidade, mais uma vez, nem sempre supera a singularidade.

O conceito romântico de autorrealização tende a supor que as faculdades do eu são inerentemente positivas. O único problema é que elas estão sendo bloqueadas por um obstáculo externo: o Estado, a lei, o despotismo, o patriarcado, o superego, a autoridade imperial, a classe governante, a moralidade burguesa e assim por diante. Mas, e se os impedimentos à liberdade estiverem mais próximos de nós? Na visão de Freud, internalizamos a Lei na forma do superego, o que significa que violar seus ditames é correr o risco de causar um dano a nós mesmos. Burke também está ciente de que a única soberania efetiva é aquela que fazemos nossa. É isso o que Gramsci mais tarde chamará de poder hegemônico, em oposição ao poder coercitivo. Para Freud, também somos masoquistas inveterados que amam a própria Lei em cuja presença trememos, o que complica ainda mais a questão. Poder e desejo não são simplesmente antagonistas, mas conspiradores. Em todo caso, como podemos saber o que desejamos até darmos expressão a isso? Mesmo assim, não é óbvio que sempre sabemos o que queremos. Como não somos transparentes para nós mesmos, ao contrário do que supõe o libertário romântico, podemos facilmente nos enganar sobre essa questão. Existem desejos falsos e formas especiosas de liberdade. E se, além disso, como Freud suspeita, abrigarmos um desejo inconsciente de não realizar nossos desejos, já que realizá-los seria aboli-los? E se o desejo estiver lá para adiar sua própria gratificação? Na visão de Freud, há uma falha ou falta no cerne do desejo que o desvia do seu objetivo. E há sempre um resíduo de desejo não realizado, por mais plena e livremente que nos expressemos. O descontentamento é da nossa natureza, e a ciência do descontentamento é conhecida como psicanálise.

Pouco ou nada disso é levado em conta pela tradição humanista romântica. O próprio Marx parece supor que os poderes e capacidades humanas são positivos em si mesmos, e que podemos ter acesso direto à sua natureza. Os seres humanos podem ser mistificados e manipulados, mas não são constitutivamente opacos para si mesmos. Nessa visão, não haveria nada malfeito ou intratável no coração da humanidade, enquanto Freud esboça sua própria versão do pecado original. Mesmo assim, Marx volta a visão romântica para uma nova direção. Ele a atrela a uma força política real: os movimentos trabalhista e socialista. William Morris fará o mesmo no *fin-de-siècle* inglês. Sem tal encarnação material, a ideia de cultura está fadada a permanecer abstrata e academicista. Ao contrário de Schiller e Arnold, tanto Marx quanto Morris investigam a questão de quais condições materiais seriam necessárias para que a vida social se mostrasse mais gratificante, e encontram uma resposta para sua pergunta na abolição do capitalismo. Em particular, Marx oferece uma resposta à questão de como minha autorrealização pode evitar que ela colida com a de outrem. Sua recomendação implícita parece ser: realize o eu apenas de uma forma que forneça os meios para que outros façam o mesmo livremente. É isso que ele tem em mente quando observa, no *Manifesto Comunista*, que, na sociedade comunista, o livre desenvolvimento de cada um será a condição para o livre desenvolvimento de todos. Não é uma solução definitiva para o problema, nem é original: como tantas outras coisas, Marx a tirou de Hegel. Mas, mesmo assim, é uma ética rica e sugestiva.

Sem o movimento realizado por Marx e Morris, o conceito de cultura continua a ser uma crítica engenhosa da civilização moderna, mas politicamente ineficaz. A cultura se torna um refúgio da sociedade civil em vez de um meio de transformá-la. De Coleridge a Leavis, ela se coloca acima do domínio inferior da política, do trabalho e da cidadania. É uma questão moral, pessoal ou espiritual, afastada do reino material de fomes e crises econômicas, genocídio e opressão das mulheres. Como a religião, ela fornece alguma compensação espiritual para o que ela tende a censurar como uma civilização quase totalmente estéril. De fato, há momentos em que, de sua altura olímpica, ela dificilmente consegue ver algo afirmativo em uma existência moderna degenerada. O elo entre cultura e política, que Burke considerava tão vital, é gradualmente erodido.

* * *

Enquanto a noção de cultura estava se tornando uma crítica ao industrialismo, por volta da virada do século XVIII, ela também estava lançando as bases do nacionalismo romântico. Herder, como já vimos, foi um de seus defensores mais apaixonados. A ideia de nação autônoma e autodeterminada não tem mais que alguns séculos, embora as próprias nações gostem de fantasiar que suas origens estariam enterradas nas brumas do tempo. O nacionalismo mostrou ser o movimento revolucionário mais bem-sucedido da era moderna, desmantelando impérios, derrubando tiranos e trazendo uma série de novos Estados políticos ao nascimento. No entanto, ele foi até certo ponto, nas palavras de um comentador, "uma invenção de literatos",[18] o que geralmente não é o caso com projetos transformadores do mundo; e a principal razão para isso foi a proeminência que atribuiu à ideia de cultura. Como observou um oficial do exército britânico quando seus homens executaram os rebeldes nacionalistas de Dublin, em 1916, "nós fizemos um serviço à Irlanda: nós a livramos de alguns poetas de segunda categoria". Foi através do nacionalismo revolucionário acima de tudo que o conceito de cultura, por

18 Elie Kedourie, *Nationalism* (Londres: Hutchinson, 1960), p.70

mais abstrato e etéreo que possa parecer, conseguiu remodelar a face da Terra. O desejo das nações de se libertarem de seus mestres coloniais se mostrou como a mais potente união de cultura e política da era moderna, muito mais eficaz do que a chamada política cultural do nosso próprio período.

Ao contrário do nacionalismo cívico, que se preocupa com questões como cidadania e direitos políticos, o nacionalismo romântico é um princípio espiritual antes de ser um programa político. É uma marca poética de política, que acolhe a imagem, o arquétipo e a imaginação criativa, tão preocupada com mito, simbolismo e sacrifício de sangue quanto com a proteção de indústrias locais ou com a criação de um nome para uma nova moeda. Somente quando as nações coloniais finalmente alcançam sua independência é que a poesia da revolta cede lugar à prosa da construção de um Estado e de uma economia. Um autor descreve o nacionalismo romântico como a elevação do sentimento do âmbito privado para o político.[19] No extremo, pode figurar como uma versão secular da religião, um dos mais bem-sucedidos dos numerosos substitutos da modernidade para o Todo-Poderoso. Como Deus, a nação é sagrada, indivisível, autossustentável, sem origem ou fim, base de todo ser, fonte da identidade, transcendente do indivíduo, e uma causa pela qual vale a pena morrer. Há uma constelação de heróis nacionalistas, assim como há um panteão de santos e mártires. O nacionalismo, como a religião, une a vida cotidiana ao idealismo visionário. A nação, observou Fichte, colega de Herder, é uma obra de Deus.

Com a ascensão dos movimentos de libertação nacional, poetas, artistas e acadêmicos adquirem uma proeminência pública incomum em períodos menos turbulentos. Os intelectuais agora podem se tornar ativistas sociais à maneira de um Yeats ou um Senghor, colocando seu trabalho a serviço de seu país e proclamando sua solidariedade com os membros mais humildes da nação.

19 Ver Tom Kettle, *The Day's Burden* (Dublin: Browne and Nolan, 1937), p.10.

Historiadores, filólogos e antiquários se veem arrancados de seus estudos e lançados aos holofotes políticos. Shelley via os poetas como os legisladores não reconhecidos da humanidade, uma descrição que Auden achava mais apropriada para a polícia secreta; e, com a ascensão das guerras anticoloniais, vários artistas nacionalistas realmente se tornaram legisladores. Os movimentos nacionalistas tendem a dar origem a um corpo de cultura artística distinto e, assim, forjar um elo entre a cultura como artes e a cultura como um modo de vida. Seria difícil dizer o mesmo do neoliberalismo ou da social-democracia.

Nacionalistas românticos como Herder veem as nações unificadas, autocriadoras e autodeterminadas. Nesse sentido, elas podem ser vistas quase como obras de arte. Seria difícil exagerar a devastação que essa doutrina causou no mundo moderno. Por um lado, não há nações unificadas. A maioria das sociedades é etnicamente diversa, e todas elas são socialmente divididas. Nações são construções políticas, não fenômenos naturais. Se os cidadãos de uma região ou país são reprimidos por uma potência estrangeira, eles têm direito à autodeterminação; mas é possível que tenham tal direito simplesmente porque são pessoas, não porque são um povo. É uma mistificação romântica acreditar que ser suíço ou somali lhe dá direito ao seu próprio governo. O que há de errado em oprimir angolanos não é o fato de haver algo inerentemente precioso em ser angolano, mas algo inerentemente ofensivo em ser oprimido. Os indivíduos angolanos têm valor inerente, mas essa é outra questão. Um grupo de pessoas de origem britânica que há muito tempo habita outro país não tem o direito de estabelecer sua soberania simplesmente porque são britânicos. Foi assim que a Irlanda do Norte ganhou destaque, com uma longa história de derramamento de sangue. Não há conexão natural entre ter uma identidade étnica e exercer cidadania política. Ser colonizado por outros é questionável pelos mesmos motivos que ser expulso de sua própria casa por vizinhos valentões. No que diz respeito à injustiça, é irrelevante o fato de o invasor ser desta ou daquela raça.[20] O colonialismo é, na raiz, uma realidade política e econômica, não (como algumas teorias pós-coloniais imaginam) uma realidade cultural. Um colonialismo benevolente como o de Burke pode promover a estima pela cultura nativa e protegê-la, mas isso não é motivo para que não deva se deva resistir a ele.

Vimos que para Burke a cultura pode ser tanto uma forma de impor quanto um modo de contestar o poder. A mesma ambiguidade pode ser encontrada no nacionalismo. Se era o credo dos nazistas, também era o meio pelo qual os povos coloniais podiam se livrar de seus senhores e atingir um grau de autodeterminação. O nacionalismo é tanto o Império Britânico quanto a revolta global contra ele. O anticolonialismo é tanto a revolta da América do Norte contra os britânicos quanto o motim de uma nação decadente após outra contra a dominação ianque. Difícil encontrar uma forma política mais contraditória.

Se a cultura é o que nos permite sobreviver e florescer, é também em nome dela que homens e mulheres estão preparados para matar, um fato do qual tanto as insurreições anticoloniais quanto os conflitos étnicos subsequentes dão testemunho. Apenas pessoas seriamente perturbadas estariam preparadas para matar em nome de Balzac ou de Berlioz, mas um grande número de homens e mulheres massacrará ou será martirizado em nome da cultura no sentido de uma identidade étnica, religiosa ou nacional. Língua, crença, parentesco, símbolo, herança e pátria são fontes potencialmente letais de dissensão. São zonas de contenção e não nódulos de unidade. Isso assinala uma mudança sísmica na história das ideias culturais. Para pensadores como Schiller, Coleridge e Arnold, a cultura é acima de tudo uma força de reconciliação. Ela nos permite transcender nossas disputas sectárias, convergindo em vez disso para o terreno de nossa humanidade comum. Se a literatura e as artes são indispensáveis, é

---

20 Desenvolvi esta posição com maior detalhe em Nationalism and the Case of Ireland, *New Left Review*, 234, mar.-abr. 1999, p.44-61.

também porque elas parecem encapsular essa humanidade em uma forma peculiarmente gráfica, sensualmente imediata, de uma forma que a filosofia ou a ciência política não poderiam rivalizar. São os meios que nos permitem quase literalmente pesar em nossas palmas os valores fundamentais pelos quais devemos viver.

Movidos pelo poder harmonizador da cultura, somos capazes de nos elevar acima de nossas mesquinhas preocupações materiais com classe, poder, gênero, etnia, desigualdade social etc., suspendendo essas disputas em nome de uma esfera superior. Se não parece haver uma solução política pronta para tais antagonismos, a cultura nos fornece uma espiritual. Ela, portanto, desempenha uma função semelhante à da religião, que é uma das razões pelas quais ela tantas vezes aspirou a se tornar uma versão secular de tal crença. Como a fé religiosa na famosa frase de Marx, a cultura (ou as humanidades) é o coração de um mundo sem coração e a alma de condições sem alma. Também costuma ser o ópio da intelectualidade. Como tal, é ao mesmo tempo inestimável e amplamente ineficaz. Se pode ser um solvente de conflitos humanos, é apenas fornecendo uma resolução imaginária de tais antagonismos, uma que pode então distrair nossa atenção da necessidade de antagonismos da vida real. Há uma fantasia cultural e teológica no ar. Se a cultura, nesse sentido da palavra, pode promover valores que foram expulsos do domínio público como supérfluos e disfuncionais, é também justamente porque ela está a uma distância incapacitante daquele mundo cotidiano e, portanto, mal equipada para transformá-lo. O problema para autores como Schiller, Arnold e Ruskin é que, com a ascensão do capitalismo industrial, a necessidade de tal transformação se tornou urgente, mas os meios para sua realização são tão obscuros quanto sempre foram.

Com a ascensão do nacionalismo revolucionário, no entanto, a cultura deixa de ser parte da solução e, em vez disso, se torna parte do problema. Não é mais a inimiga jurada da política; em vez disso, é o próprio idioma no qual as demandas políticas são enquadradas, articuladas e combatidas. Desce do céu para a terra, arrastando nuvens de glória, para se tornar uma força política ativa. Se isso vale para o nacionalismo, também vale para a chamada política de identidade – feminismo, lutas étnicas, direitos LGBT+ e assim por diante – que o seguem de perto. Ao mesmo tempo que o mercado de trabalho capitalista se torna global, homens e mulheres migram pelo planeta em busca de trabalho, convertendo o que antes eram nações amplamente monoétnicas em multiculturais. Dessa forma, também, a cultura é redefinida como parte do problema, pois as tensões entre diferentes grupos étnicos representam uma ameaça à estabilidade política. Na forma de etnia e imigração, embora não na forma de Stendhal e Schumann, a cultura é agora um assunto diário de debate nas terras centrais do Ocidente. A ideia de que as culturas humanas podem se sobrepor ou de que alguém pode compartilhar uma variedade delas simultaneamente não é nova. Existem inúmeros exemplos dessas formas de vida híbridas ao longo da história. O que é novo é o fato de que um alto grau de diversidade cultural se tornou a condição rotineira da existência social. Um ideal de unidade e pureza pode geralmente ser encontrado espreitando sob a noção clássica de cultura, hoje em dia aposentada. Cultura e pureza não marcham mais de mãos dadas.

"O ambiente em que nasceu a noção antropológica moderna de cultura", escreve Robert J. C. Young, "foi o conflito de classe e raça".[21] Dada a aliança profana entre o poder colonial e a antropologia do século XIX, o conceito de cultura está contaminado até o âmago pela ideologia racista. De fato, uma das fontes da palavra "cultura" é o verbo latino *colere*, que significa ocupar ou habitar. Uma palavra que representa algumas das mais exaltadas realizações humanas também cheira a algumas das mais indizíveis. É difícil para nós depurar o conceito do papel que ele teve no estudo "científico" dos povos pré-modernos, um que tendia a congelá-los em uma alteridade subumana.

---

21 Robert J.C. Young, *Colonial Desire* (Londres: Routledge, 1995), p.52.

Mas, no exato momento em que suprimiram os povos coloniais, os colonizadores também os tornaram exóticos. No caso da Irlanda, como Luke Gibbons escreve,

> foi concedida ao celta uma licença poética ilimitada como consolo pela perda de poder político, em consonância com a nota elegíaca do Romantismo, onde as comunidades excluídas da marcha do progresso – orientais, africanos, nativos americanos ou, mais perto de casa, um campesinato idealizado – desfrutavam de uma vida após a morte, nos reinos da imaginação.[22]

Valores que uma civilização utilitária expulsou como bagagem excedente – sensualidade, graça corporal, energia sexual, brio imaginativo – ocupam um lar imaginário nas margens coloniais, assim como nas artísticas. Eles podem então ser consumidos a uma distância segura. Em suma, os colonizadores têm civilização, enquanto seus súditos coloniais têm cultura. Invejamos esses súditos porque são ingênuos e sensuais, enquanto eles nos invejam por nossas máquinas de lavar louça e catedrais. Eles são mais orgânicos do que nós, enquanto somos mais elegantes do que eles. Se há uma peça de cultura suficiente para desacreditar essa sabedoria banal, é a arte, já que a arte não pode se gabar de nenhum progresso evolutivo. A arte aborígene é tão sofisticada quanto o expressionismo abstrato. Não há uma caminhada ascendente das sagas islandesas até Saul Bellow.

À medida que os colonizadores perseguem sua "missão civilizatória", eles encontram uma diversidade impressionante de culturas, a maioria delas (pelo menos até que eles próprios entrem em cena) em condições de funcionamento razoavelmente boas. É algo um tanto inquietante, principalmente quando a imposição de sua soberania a tais culturas pode exigir uma fé robusta em sua própria

22 Luke Gibbons, *Edmund Burke and Ireland* (Cambridge: Cambridge University Press, 2003), p.174.

supremacia racial ou cultural. *Pode*, pois subjugar os outros não necessariamente requer uma crença na própria superioridade. Mas, mesmo que não envolva, a simples proliferação de outras formas de vida pode ser o suficiente para abalar a fé na sua. Ninguém gosta de ouvir que há inúmeras maneiras diferentes de fazer as coisas, a maioria delas razoavelmente viáveis, principalmente quando se está ocupado em enviar canhoneiras a rios estrangeiros. Isso resvala em um relativismo cultural que corre o risco de corroer a autoconfiança, como acontece com o capitão Kurz, no *Coração das trevas* de Conrad, o colonizador que se torna niilista. Kurtz começa como um exemplo de doçura e civilização na África colonial; mas esse encontro com uma cultura estrangeira lhe mostra a natureza contingente de seu próprio conceito de civilidade, e sua crença no "fardo do homem branco" logo se transforma em cinzas.

Há um paralelo para essa situação em *Passagem para a Índia*, de E. M. Forster, romance em que uma inglesa de classe média, a Sra. Moore, vê sua identidade gravemente minada por um encontro com a diferença cultural na Índia colonial. Como resultado, ela cai em um desgosto niilista com a humanidade e perde o controle da vida. Em certo sentido, ela morre de relativismo cultural, convenhamos, um fim privilegiado. Se Kurtz se transforma de colonizador esclarecido em niilista bárbaro, a Sra. Moore é uma liberal de Bloomsbury cujo pluralismo arrefece sob pressão. O fato de ser uma liberal e não, como seu filho, uma chauvinista pernóstica, de ser uma mulher com um respeito instintivo pelos costumes dos outros, não é suficiente para resgatá-la desse colapso ontológico, o que sugere que o problema tem raízes profundas. A sua sensibilidade é no fundo o que a leva à fadiga espiritual.

O romance, no entanto, tem o cuidado de relativizar esse colapso diante do relativismo, não oferece uma palavra final. Talvez ela fosse menos suscetível a essa desorientação se tivesse um senso irônico da fragilidade dos próprios valores. A Sra. Moore reconhece as dificuldades da comunicação intercultural e a natureza intratável dos mal-entendidos humanos, e sabe que nenhum conjunto particular de valores culturais é subscrito pelo próprio universo; mas não se segue disso que tais valores sejam vazios. Do ponto de vista do romance, o seu desespero é prematuro. Mesmo assim, há sempre a possibilidade de uma perspectiva cultural que pode sabotar a sua própria. No romance de Swift, Gulliver especula que pode ser que exista em algum lugar um povo para quem os gigantes Brobdingnagians pareceriam minúsculos liliputianos. O relativismo cultural não era de forma alguma desconhecido no século XVIII.

Os povos indígenas não podem ser totalmente diferentes do homem branco, pois então seria impossível controlá-los. É difícil impor autoridade a homens e mulheres que não entendem que rifles podem matar. No entanto, eles também não devem se parecer muito com ele, pois então sugeririam uma paródia monstruosa do que ele é, levando-o a estranhar sua própria conduta a ponto de forçá-lo a vê-la sob uma luz desagradavelmente nova. Gulliver não consegue descartar os liliputianos como meros exemplares exóticos, pois seu comportamento é irritantemente próximo das características menos admiráveis de seus próprios compatriotas. O livro nos encoraja a esperar que essas criaturas minúsculas sejam estranhas a nós mesmos, apenas para puxar o tapete debaixo dos pés do leitor, mostrando que elas nos são íntimas, da maneira mais desconcertante. Ganância, vaidade e desejo de poder são características universais: se os europeus acreditam complacentemente que sua própria natureza é universal, a sátira de Swift volta essa crença contra eles.

Swift era um membro do Domínio Protestante anglo-irlandês, a casta social da Irlanda criticada por Burke, e sendo tanto inglês quanto irlandês, jamais pôde dizer ao certo se era um conquistador ou uma vítima, se estava alojado no coração do poder ou relegado à margem. Ele está completamente ligado à Irlanda, mas a enxerga de fora. O cabeça-dura Gulliver exibe uma ambiguidade semelhante. Ele ou está muito distante das culturas que encontra ou muito ansioso para se conformar a elas (um tolo, resumindo). É tolamente orgulhoso do título sem sentido que os liliputianos lhe conferem e nega veementemente ter feito sexo com uma microscópica fêmea liliputiana, apesar da cômica impossibilidade de tal cópula. Quando é apresentado ao rei de Brobdingnag, no entanto, ele se vê estreitamente preso dentro de suas próprias normas culturais, gabando-se do poderio militar de sua nação com um chauvinismo ridículo que o rei considera detestável. Os nativos de Brobdingnag refletem sobre o quão desprezível seu próprio caráter deve ser, se ele se deixa espelhar em um inseto tão desprezível quanto o próprio Gulliver. O texto de *Viagens de Gulliver* gira em torno dessa interação entre o íntimo e o bizarro. O familiar se torna estranho, e o que parece estranho à primeira vista acaba se mostrando tão próximo que é desconfortável.

Gulliver faz questão de se distinguir dos Yahoo que se cobrem de esterco, mesmo ciente de que a raça governante dos Houyhnhnms não o considera melhor do que eles em nada. Ele está preso entre as duas espécies, assim como o próprio Swift está preso entre os senhores ingleses e as massas gaélicas. Há nas colônias aqueles nativos "superiores" (os anglo-irlandeses, por exemplo) que se dissociam das pessoas comuns e se identificam com os colonizadores, como Gulliver joga a sua sorte com os Houyhnhnms; mas os próprios colonizadores nunca aceitarão como iguais essas almas deslocadas, e o povo também as rejeitará. Como Gulliver, acabará tendo o pior dos dois mundos, sem a cultura superior dos governantes Houyhnhnm e sem o primitivo vigor natural de seus subordinados Yahoo.

A situação, em suma, é mais complexa e contenciosa do que uma simples distinção "colonizadores versus colonizados" poderia sugerir. Há aqueles cidadãos colonizados, por exemplo, que rejeitam tanto a cultura nativa quanto o estilo de vida dos colonizadores – que exigem autonomia política, mas duvidam que a melhor maneira de alcançá-la seja, como quer Herder, por meio de um renascimento da língua e da cultura da nação. No contexto irlandês, os líderes nacionalistas Daniel O'Connell e Charles Stewart Parnell comungavam ambos dessa crença. Em sua visão, a colonização era uma indignidade política, mas que trouxe consigo os meios pelos quais a nação poderia saltar do atraso para a modernidade. No entanto, também havia grupos como os Jovens Irlandeses que sustentavam que isso faria do país uma imitação pobre de seus senhores coloniais. Em vez disso, a Irlanda teria de encontrar seu próprio caminho cultural distinto para a autonomia política, uma visão também popular entre os Revivalistas Gaélicos. Se alguns desses intelectuais idealizaram a cultura do povo, o mesmo aconteceu com alguns membros do povo.

É provável que haja renegados entre a classe dominante colonial que abraçam a cultura do povo ainda mais fervorosamente do que o próprio povo. Na Irlanda, Yeats, Synge e Lady Gregory podem servir como exemplos. Como membros da camarilha anglo-irlandesa, eles estão desconfortavelmente conscientes de si mesmos como uma casta dominante de segunda classe no país, patrocinada ou marginalizada pelos políticos de Westminster, e como tal sentem alguma simpatia espontânea por seus conterrâneos mais gravemente despossuídos, para os quais eles próprios formam um paralelo mais privilegiado. Outros, como Swift, podem defender as pessoas comuns, embora não tenham nenhum sentimento genuíno de solidariedade por elas. Não seria demais afirmar que Swift detestava os pobres gaélicos em nome dos quais falou de maneira tão eloquente. Alguns cidadãos são cúmplices do governo colonial; outros, como Swift, o são parcialmente, enquanto alguns nacionalistas se ressentem do governo colonial porque estão ansiosos para formar uma elite política eles próprios, e veem que o caminho para esse objetivo está bloqueado pela ocupação estrangeira.

Para uma classe governante, deter o poder sobre uma nação estrangeira pode também fortalecer seu poder doméstico. Ao menos o mais desfavorecido dos cidadãos nativos tem agora alguém inferior a si, o que pode fazê-lo se sentir menos agravado por sua própria condição precária. Na opinião de Marx, isso valia para as atitudes da classe trabalhadora britânica em relação aos imigrantes irlandeses.

Por outro lado, a classe trabalhadora em casa pode estabelecer um grau de solidariedade política com os rebeldes coloniais no exterior, o que é bem menos do gosto de seus senhores. Também é provável que haja aqueles entre a elite metropolitana que sintam alguma simpatia por tais rebeldes, como vimos no caso de membros do Parlamento como Burke e Sheridan. Outros, novamente como Burke, podem condenar os governantes coloniais porque temem que seu comportamento autoritário esteja levando a população nativa à insatisfação, colocando assim em risco o projeto colonial como um todo. Por sua vez, as pessoas comuns tendem a ser inconsistentes em sua visão de seus senhores estrangeiros, oscilando entre a deferência e o desafio. Na Irlanda, os membros do arrendatário rural podem ler um discurso leal ao seu senhorio pela manhã e sair furtivamente para matar o seu gado à noite. Cansados dessas contradições, haverá também aqueles que sacudirão com desdém a poeira da colônia dos calcanhares, como James Joyce e Samuel Beckett.

Uma das lições do romance de Swift é que é preciso ter um senso irônico da relatividade da própria cultura, mas não a ponto de, como Gulliver, que acaba trotando por aí relinchando como um cavalo, repudiá-la completamente e cair na loucura e no desespero. Deve-se tentar compreender a sua própria situação a partir de fora, em nome de um juízo verdadeiro, mas não a ponto de mergulhar no ceticismo e no repúdio. Não há um ponto de vista absoluto fora da cultura, mas isso não quer dizer que estamos condenados a ser prisioneiros indefesos de qualquer configuração cultural específica. O antropólogo Claude Lévi-Strauss escreve em *Tristes trópicos* que sentir o caminho para outras culturas é compreender sua própria forma de vida de maneira mais completa, já que aquilo que encontramos no comportamento dos outros é uma versão surpreendentemente não familiar das leis que regulam o nosso próprio universo simbólico. É estranho para nós olhar para eles com esta nova percepção. No entanto, é somente porque compartilhamos algum ponto em comum com os outros que esse estranhamento se torna possível. Se houvesse apenas diferença, não poderia haver diálogo transformador. Ao encontrar outra cultura, então, também somos levados a confrontar certa alteridade em nós mesmos, vendo com novos olhos as nossas próprias atividades, por meio do reconhecimento desses outros, como se fossem nossos parentes. Devemos nos ver, observa Lévi-Strauss em *Antropologia estrutural*, "como um outro entre os outros".

* * *

Outra fonte da ideia moderna de cultura é a morte de Deus. Talvez a cultura possa preencher o buraco em forma de Deus escavado pela modernidade secular. Como já escrevi sobre esse assunto em outro lugar, não o retomarei em detalhes aqui.[23] Basta dizer que a era moderna está repleta de substitutos fracassados para Deus, como indo de razão, espírito, arte, ciência e o Estado até povo, nação, humanidade, sociedade, inconsciente e Michael Jackson. Entre esses substitutos capengas para o Todo-Poderoso, a ideia de cultura surge como uma das mais plausíveis. De fato, há uma relação etimológica entre a palavra "cultura" e o termo religioso "culto". Muitos termos estéticos (símbolo, criação, inspiração, revelação, unidade, epifania, autonomia e assim por diante) são peças deslocadas de teologia. Como a religião, a cultura traz os valores mais estimados para a atividade cotidiana. Assim como a religião, também é uma questão de verdades fundamentais, profundidades espirituais, conduta correta, princípios imperecíveis e uma forma de vida comunitária. Ela também tem seus rituais, sacerdotes, ícones e locais de adoração.

Arnold considera a cultura como absoluta e transcendente, enquanto Leavis, um dos mais influentes críticos literários do século XX, trata a literatura, na verdade, como uma religião substituta. Seu colega

---

23 Ver Terry Eagleton, *Culture and the Death of God* (Londres: Yale University Press, 2014).

Richards declarou que a poesia "é capaz de nos salvar".[24] Por um tempo, pareceu haver uma boa razão para confiar que a cultura poderia entrar no lugar de Deus, em uma era em que seu aparente desaparecimento ameaçava se tornar uma fonte de instabilidade social. A ordem social era considerada como dependente da moralidade, e a moralidade tradicionalmente dependeu, por sua vez, da fé religiosa; então, como os fundamentos do Estado sobreviverão ao fim da Divindade? A religião é a forma mais poderosa, persistente, universal, tenaz e profundamente arraigada de cultura popular que a história já testemunhou, e se oferece para preencher o abismo entre massa e minoria, leigos e sacerdócio, comportamento cotidiano e verdade absoluta, cultura como espiritual e cultura como antropológica; e se seu domínio sobre a humanidade começa a se afrouxar, os valores que ela preza devem migrar para outro lugar. Apesar de toda a sua promessa, no entanto, a cultura se mostrou incapaz de ocupar o trono do Ser Supremo. No sentido minoritário e estético do termo, ela envolve uma fração muito pequena da sociedade, em contraste com os bilhões de homens e mulheres que a religião conseguiu inspirar; em seu sentido antropológico mais amplo, dilacerada pelo conflito, é incapaz de fornecer uma fonte de unidade, elevação e consolo. Se cultura como arte é demasiado esotérica para fazer o serviço da graça e da redenção, a cultura como cotidiano é demasiado monótona e contenciosa.

Enquanto os sábios vitorianos refletiam sobre essas questões, armava-se nos bastidores uma transformação dramática da natureza da cultura, com a qual a cultura, no sentido artístico, se tornaria uma atividade majoritária, mas não como William Morris esperava. Por muito tempo a cultura permaneceu ligada ao comércio e à tecnologia, mas agora, com o advento de cinema, rádio, televisão, música gravada, publicidade, imprensa e ficção popular, tornou-se rapidamente

---

24 I.A. Richards, *Science and Poetry* (Londres: Kegan Paul, Trench, Trübner, 1926), pp.82-3.

uma grande indústria. A partir do início do século XX, a produção de fantasia em massa se mostrou um comércio lucrativo, e nasceu a chamada indústria cultural.

Foi, nas palavras de um estudioso, a maior mudança já vista na história da produção cultural.[25] Agora, a cultura não era mais uma crítica à manufatura moderna, mas um setor dela, altamente lucrativo. Foi integrada à infraestrutura material do capitalismo tanto quanto o refino do açúcar ou a colheita do trigo. A cultura popular ocupou o primeiro plano, como sonhara Herder; mas era, em grande parte, uma cultura consumida pelas massas, não produzida por elas. A cultura de massa pode proporcionar algum alívio em relação ao trabalho, mas também transfere para a esfera do entretenimento os próprios processos mecanizados que caracterizam o mundo da produção industrial.

Uma cultura minoritária dissidente continuou a florescer, mas foi forçada a recuar, abrigando-se no círculo artístico, na imprensa alternativa, na boemia e nos cafés. Se a cultura popular foi mercantilizada, a obra de arte "elevada" quis evitar essa indignidade, virando as costas para a existência cotidiana, espessando sua linguagem, deslocando seus significados, distorcendo suas narrativas e fragmentando suas formas, para evitar a humilhação de ser consumida com muita facilidade. Em vez de se deixar reduzir a uma engrenagem no sistema de produção em massa, insistiu em sua própria pureza e autonomia. A obra de arte teria nada tão vulgar quanto um propósito social. Ao contrário da mercadoria, existiria como um valor em si mesmo. O experimento artístico que conhecemos como modernismo tem muitas fontes, e uma delas é a resistência extenuante à cultura de massa. De fato, os dois fenômenos nasceram no mesmo momento histórico. Apesar do antagonismo mútuo, no entanto, ambos poderiam ser acusados de criar ilusões socialmente convenientes. Com sua falsa imediatez e soluções de fantasia, boa parte da cultura de massa ofereceu a seus consumidores uma forma de falsa utopia; mas o mesmo

25 Ver Raymond Williams, *The Politics of Modernism* (Londres: Verso, 1989), p.33.

aconteceu com algumas artes eruditas, que podem não ter proporcionado reconciliação em seu conteúdo desencantado, mas que muitas vezes buscavam fazê-lo em suas formas unificadoras. O marxismo tradicionalmente traçou uma distinção entre o que chama de "base" da sociedade, que inclui relações de propriedade e atividade produtiva em particular, e a "superestrutura", que abrange desde o direito e a arte até a política e as ideias. Os meios de comunicação, devotados à fabricação de formulários de consciência, têm uma relação peculiarmente próxima com esses dois reinos. Se eles são fenômenos "objetivos", também dão acesso a modos "subjetivos" de experiência. Até certo ponto, isso acontece em todas as formas culturais. Imagine um romance ambicioso em escopo, abarrotado de eventos complexos, cheio de reviravoltas narrativas intrincadas e povoado por uma ampla gama de personagens. Tal obra só pode existir por causa da tecnologia de impressão. Sua própria forma artística é moldada por esse fato material. Ninguém poderia copiar um texto tão longo tantas vezes à mão, como um poeta elisabetano poderia passar um punhado de cópias de suas letras de amor em um círculo de colegas cortesãos.

Na mídia de hoje, essa relação entre formas artísticas e fatos materiais é mais palpável do que nunca. Que se pense, por exemplo, no programa de notícias médio da televisão americana, se é que se pode dignificar essas coisas com o título de uma forma artística. O fato de os apresentadores de notícias serem selecionados, entre outras coisas, por serem agradáveis aos olhos, bem como pelo tom ressonante de suas vozes, pelas tiradas falsamente geniais, pela passagem abrupta de uma notícia para outra, pela apresentação sensacionalista e pelos roteiros monossilábicos, o fato de que as tomadas de câmera em filmagens raramente são sustentadas por mais de alguns segundos, a ausência de análise aprofundada para não entediar espectadores menos sofisticados, o foco implacável em notícias locais, mesmo que uma guerra nuclear tenha acabado de estourar em Yorkshire – tudo isso revela o imperativo de garantir o maior público possível, em nome do maior lucro possível. A experiência é moldada pelo econômico em quase todos os planos. Os intervalos publicitários ditam, em última análise, que a sintaxe desses programas de notícias seja simples, o vocabulário, básico, o tom, histriônico, os dentes, brilhantes, e as entrevistas profundas, com Noam Chomsky, inexistentes.

Antes, muitos se queixavam de que a cultura era muito distante do resto da vida social. Agora, com a evolução da indústria cultural, ela permeia essa existência de ponta a ponta. Se antes era muito distante do cotidiano para fornecer uma crítica convincente, agora está muito ligada a ele para fazê-lo. Houve momentos em que a "alta cultura" foi capaz de transformar a distância em relação à vida cotidiana em uma vantagem política. Livre de qualquer função social definida, apontava em estilo utópico para uma forma alternativa de existência social. Vimos um exemplo disso na obra de Oscar Wilde. Em geral, essa função utópica da arte foi vítima da integração da cultura na produção geral de mercadorias. Mesmo assim, quando se trata de cultura popular, estamos falando de enriquecimento e também de empobrecimento. Já observamos que a distinção entre cultura erudita e popular não pode ser mapeada para uma distinção entre preciosa e sem valor. Há muita coisa de qualidade superlativa na cultura de massa (Hitchcock, Planxty, John Coltrane, Philip K. Dick, Ian Rankin, Morrissey, Monty Python), e boa parte da "alta cultura" é superestimada (Emerson, Arnold, o último Browning, *Coração das Trevas*, a ficção de Alice Munro). Além disso, a "alta cultura" pode ser transformada por sua contraparte popular. Pela primeira vez na história, tornou-se possível para milhões de pessoas ouvir simultaneamente uma ópera de Verdi ou assistir a uma peça de Tchekhov. Uma produção cinematográfica ou televisiva de um romance de Dickens ou de Austen pode render frutos em centenas de milhares de vendas nas livrarias.

Mas nada disso traria conforto para os guardiões da alta cultura, como Leavis, que, em *Mass Civilization and Minority Culture* [*Civilização de massa e cultura minoritária*] escreve o seguinte:

> Em qualquer período, a apreciação criteriosa da arte e da literatura depende de uma minoria muito pequena [...] Dessa minoria depende o nosso poder de aproveitar o que a experiência humana do passado tem de melhor; ela mantém vivas as partes mais sutis e mais frágeis da tradição. Sob a sua guarda [...] encontra-se a linguagem, idioma mutável do qual depende a vida refinada, e sem o qual a distinção de espírito fracassa e se torna incoerente. Entendo por "cultura" os usos dessa linguagem.[26]

Ao contrário de Ruskin e Morris, Leavis não imagina que a ideia de cultura possa apontar para uma forma diferente de civilização. Em vez disso, sua tarefa é promover uma ação de retaguarda contra as massas "preguiçosas e pouco inteligentes", como Freud uma vez as chamou em *O futuro de uma ilusão*. Mas, pergunta-se Raymond Williams, o que se entende afinal por "massas"?

> Estamos falando de uma democracia que depende de um sufrágio universal, ou de uma cultura que depende de uma educação universal, ou de um público leitor que depende de uma alfabetização universal? Se os produtos da civilização de massa nos parecem tão repugnantes, veríamos no sufrágio, na educação ou na alfabetização agentes da decadência?[27]

O próprio Williams responde que não se trata de nada disso. Todas essas são preciosas conquistas da civilização moderna, por mais que os críticos de alto nível não vejam nelas nada além de decadência cultural. Mas a maioria desses críticos se recusa a investigar as raízes desse rebaixamento generalizado da experiência, que em grande parte se deve, ainda segundo Williams, à busca pelo lucro.

---

26 F.R. Leavis, *Mass Civilisation and Minority Culture* (Cambridge: Minority Press, 1930), p.3-5.

27 Williams, *Culture and Society*, p.257.

Na visão deles, não pode haver solução para esses males em um presente degradado. Sendo assim, Leavis prefere olhar para trás, nostalgicamente, contemplando uma suposta sociedade orgânica na Inglaterra pré-industrial. Williams, ao contrário, prefere nos lembrar "da penúria, da tirania mesquinha, das doenças e da mortalidade, da ignorância e da inteligência frustrada que estavam entre os ingredientes dessa sociedade".[28]

A cultura de massa evoluiu em dois estágios. Primeiro, ela estendeu sua influência a quase todos os ramos da sociedade; então, começou a se fundir com o resto da existência social, de modo que a distinção entre cultura e sociedade se tornou cada vez mais incerta. A política tornou-se uma questão de imagem, ícone, estilo e espetáculo. O comércio e a produção passaram a depender cada vez mais de embalagens, design, branding, publicidade e relações públicas. Os relacionamentos pessoais foram mediados por textos e imagens tecnológicas. A era pós-moderna se estabeleceu.

Por uma série de razões, a cultura perdeu sua inocência. De fato, a história da era moderna é, entre outras coisas, a história da desmistificação gradual desse nobre ideal. Ela perde o status sublime que adquirira no pensamento de Schiller, Herder ou Arnold, e torna-se a presa de uma versão perigosamente instável de nacionalismo, enredando-se numa antropologia racista, absorvida pela produção geral de mercadorias e envolvida em conflitos políticos. Longe de fornecer um antídoto para o poder, torna-se profundamente conivente com ele. Em vez de ser aquilo que pode nos salvar, talvez precise ser colocada de volta em seu lugar. É o que argumentaremos em seguida.

28 Ibid., p.260.

Conclusão
A desmedida da cultura

Ao contrário dos magnatas da mídia, os críticos literários sempre nutriram dúvidas sobre sua própria importância. Por um lado, não há como negar que a literatura lida com as realidades humanas mais fundamentais, o que pode ser o suficiente para conferir um grau de prestígio àqueles que tratam com ela. Por outro lado, desde que abandonou a esfera pública para entrar na academia, o estudo de obras literárias tem sido uma busca periférica, a ponto de não ser difícil imaginar departamentos universitários de literatura (na verdade, de artes e humanidades em geral) se tornando uma coisa do passado. Os estudos literários acadêmicos foram recebidos com gritos de escárnio quando surgiram pela primeira vez (um cavalheiro precisa mesmo de instrução formal nas artes literárias de sua própria língua, mais do que precisaria na arte de como carregar seu rifle em meio a uma caçada?), e hoje em dia deve enfrentar uma forma mais sensata de ceticismo (essas investigações obscuras contribuem de alguma forma para uma economia dinâmica?).

O conceito de cultura popular, entre outros desenvolvimentos, veio em socorro de uma crítica literária em risco de perder completamente sua relevância social. Uma vez que os estudiosos da literatura se aventuraram no estudo de filmes, mídia e ficção popular, não houve dúvidas de que eles podiam reivindicar de forma plausível uma importância para si mesmos. Afinal, dedicavam-se a artefatos consumidos por milhões de pessoas comuns. Já vimos que um tipo diferente de centralidade foi atribuído aos intelectuais literários que se juntaram ao nacionalismo revolucionário – homens e mulheres que, ao trocar a sala de seminários pelo campo de batalha, podiam agora reivindicar status histórico-mundial. O revolucionário irlandês Thomas MacDonagh ministrou sua última aula universitária (sobre Jane Austen) em Dublin e deixou o campus para participar da insurreição anticolonial da Páscoa de 1916; mais tarde, encontrou a morte nas mãos do exército britânico. O caminho que leva de *Mansfield Park* ao patriota militante se mostrou mais curto do que se poderia imaginar. Uma vez que a maré nacionalista revolucionária começou a vazar, as políticas étnicas e as questões pós-coloniais ajudaram a garantir um papel mais amplo para a teoria cultural, como fizera antes o crescimento da indústria cultural. A chamada "guerra contra o terror" também teve seu papel, à medida que afinidades culturais, identidades étnicas e convicções religiosas se transformaram em discórdia política global. Antes disso, no entanto, os estudos culturais e literários ganharam um novo e poderoso sopro de vida com a ascensão da política sexual, que nas últimas décadas tem sido uma de suas principais preocupações. No início do século XXI, não parecia haver dúvidas de que o conceito de cultura tinha um futuro que duraria pelo menos tanto quanto a jihad, e que somente o fim do cinema e da televisão, junto com o desaparecimento da libido da face da Terra, poderia seriamente pôr em perigo. A cultura como conceito não apenas atingiu a maioridade, mas parecia reinar suprema em alguns setores da vida social.

E, no entanto, ela corria o sério risco de superestimar sua própria importância. Tomemos, por exemplo, a ambiguidade do termo "indústria cultural". Se a palavra "indústria" é uma medida de quão longe a produção cultural estendeu seu alcance por toda a civilização moderna, também é um lembrete de que os principais motivos para isso não são de forma alguma culturais. Como a General Motors, Hollywood e a mídia existem principalmente para o interesse dos acionistas. O lucro é a motivação que impele a cultura a espalhar seu domínio pelo globo. A indústria cultural não expõe a centralidade da cultura, mas sim as ambições expansionistas do sistema capitalista tardio, que agora pode colonizar a fantasia e o prazer tão intensamente quanto colonizou o Quênia e as Filipinas. Em uma curiosa ironia, quanto mais influente a cultura de massa, mais ela parece um fenômeno à parte, enquanto cada vez menos é de fato uma zona autônoma. Além disso, quanto mais influente ela é, mais ela reforça um sistema global cujos fins são, em grande parte, hostis à cultura no sentido normativo do termo.

A sabedoria pós-moderna convencional é que esse sistema passou por uma guinada. Do velho mundo industrial de fala áspera, evoluímos para o capitalismo com uma face cultural. O papel das chamadas "indústrias criativas", o poder das novas tecnologias culturais, o lugar proeminente do signo, da imagem, da marca, do ícone, do espetáculo, do estilo de vida, da fantasia, do design e da publicidade, tudo isso é tomado como testemunho do surgimento de uma forma "estética" de capitalismo, que transita do material para o imaterial. O que isso significa, no entanto, é que o capitalismo incorporou a cultura para seus próprios fins materiais, não que ele tenha caído sob o domínio do estético. Ao contrário, esse modo estetizado de produção capitalista é mais implacavelmente instrumental do que nunca. A "criatividade", que para Marx e Morris significava o oposto da utilidade capitalista, é posta a serviço da aquisição e exploração.

Não há exemplo mais claro da maneira como o capitalismo pretende assimilar o que antes parecia seu oposto do que o declínio global das universidades. Ao lado da queda do comunismo e das Torres Gêmeas, está entre os eventos mais importantes da nossa era, embora não seja tão espetacular. A tradição secular de universidades como centros de crítica humana está sendo atualmente destruída pela sua conversão em empresas pseudocapitalistas sob o domínio de uma ideologia gerencial brutalmente filistina. Antes arenas de reflexão crítica, as instituições acadêmicas estão sendo reduzidas a órgãos do mercado, à maneira de casas de loteria e lanchonetes de fast-food. Encontram-se em grande parte nas mãos de tecnocratas para os quais os "valores" são uma questão de imóveis. Um novo proletariado intelectual de acadêmicos é avaliado pelo impacto de suas palestras sobre Platão ou Copérnico na economia, enquanto os graduados desempregados constituem uma espécie de lúmpen da intelligentsia. Os alunos que atualmente pagam taxas anuais logo verão seus tutores cobrando por insight. Ao mudar parte de sua equipe acadêmica para novas instalações, uma universidade britânica emitiu recentemente um decreto restringindo severamente sua capacidade de manter livros nos minúsculos escritórios. A ideia de ter uma coleção pessoal de livros está se tornando tão arcaica quanto Bill Haley ou calças de boca-de-sino. Os estúpidos administradores de nossas universidades sonham com um ambiente sem livros e sem papel, essas coisas bagunçadas, amassadas, incompatíveis com um deserto neocapitalista reluzente feito de máquinas, burocratas e seguranças. Como os alunos também são coisas bagunçadas e amassadas, o ideal seria um câmpus no qual nenhuma criatura tão inconveniente estivesse à vista. A morte das humanidades é um evento que se entrevê no horizonte.

O desastre financeiro de 2008 deveria ter lançado em descrédito a ideia de que o capitalismo entrou em modalidade cultural. Uma consequência de tais convulsões é que, por um momento inconveniente, elas retiram o véu de familiaridade de uma forma de vida que deixou de ser considerada um sistema histórico específico. Ao colocar seu funcionamento interno em relevo, elas permitem que essa forma de vida seja enquadrada, objetificada e alienada. Como tal, ela deixa de ser a cor invisível da vida cotidiana e pode ser vista, em vez disso, como um modo histórico de civilização. Significativamente, é em meio a tais crises que mesmo aqueles que deveriam comandar o sistema começam pela primeira vez a usar a palavra "capitalismo", em vez de falar mais eufemicamente em "democracia ocidental" ou em "mundo livre". Com isso, levam a melhor sobre alguns setores da esquerda cultural, que, em seu zelo por um discurso de diferença, diversidade, identidade e marginalidade, deixaram de usar a palavra "capitalismo", e mais ainda "exploração" ou "revolução". O capitalismo neoliberal não tem dificuldade com termos como "diversidade" ou "inclusão", mas tem com a linguagem da luta de classes.

Mas é imprudente para os Senhores do Universo falar em capitalismo, já que ao fazê-lo eles reconhecem que sua forma de vida é simplesmente uma entre muitas, que como todas as outras formas de vida, ela tem uma origem específica e que o que nasceu sempre pode morrer. Pode ser que o capitalismo seja da natureza humana, mas é difícil negar que houve um tempo em que havia natureza humana, mas não capitalismo. O que a crise de 2008 colocou mais embaraçosamente em evidência, no entanto, foi o quão pouco o sistema havia mudado fundamentalmente, apesar de toda a conversa sobre estilo de vida e hibridez, identidades flexíveis e trabalho imaterial, organizações rizomáticas e CEOs de camisas desabotoadas, o desaparecimento da classe trabalhadora e a mudança do trabalho industrial para a tecnologia da informação e a indústria de serviços. Apesar dessas inovações, o colapso momentâneo do sistema revelou que ainda estávamos definhando em um mundo de desemprego em massa e executivos com salários obscenos, desigualdades grosseiras e serviços públicos miseráveis, um mundo em que o Estado é uma ferramenta tão obediente aos interesses da classe dominante quanto o mais resolutamente vulgar dos marxistas jamais imaginou. Estavam em jogo não tanto a imagem e o ícone, mas a fraude gigantesca e a pilhagem sistêmica. Os verdadeiros gângsteres e anarquistas usavam ternos risca de giz, e os ladrões estavam administrando os bancos em vez de assaltá-los.

* * *

A ideia de cultura está tradicionalmente ligada ao conceito de distinção. Alta cultura é uma questão de classificação. Que se pense nas grandes famílias da alta burguesia retratadas por Marcel Proust e Thomas Mann, para quem o poder e a riqueza material são acompanhados por um tom cultural elevado e carregam consigo certas obrigações morais. A hierarquia espiritual anda de mãos dadas com a desigualdade social. O objetivo do capitalismo avançado, por outro lado, é preservar a desigualdade e abolir a hierarquia. Nesse sentido, sua base material está em desacordo com sua superestrutura cultural. Você não precisa proclamar sua superioridade sobre outros povos para saquear seus recursos naturais, desde que, ao fazê-lo, você mantenha as desigualdades materiais entre eles e você. Se os americanos se consideram racialmente superiores aos iraquianos não vem ao caso, dado que é o controle político e militar sobre uma região rica em petróleo que eles têm em vista. Culturalmente falando, o capitalismo tardio é, em grande parte, uma questão não de hierarquia, mas de hibridez – de mistura, fusão e multiplicidade – enquanto, materialmente falando, o abismo entre classes sociais assume proporções ultravitorianas. Há muitos expoentes dos estudos culturais que tomam nota do primeiro, mas não do último fenômeno. Enquanto a esfera do consumo é hospitaleira para todos os que chegam, o domínio da propriedade e da produção permanece rigidamente estratificado. As divisões de propriedade e classe, no entanto, são parcialmente mascaradas pela cultura niveladora, demótica e espiritualmente promíscua na qual estão inseridas, como não eram na época de Proust e Mann. Em contraste com esse meio imponente, o capital cultural e material começam a se separar. Os corretores, intermediários, vigaristas, operadores e especuladores que flutuam até o topo do sistema em sua leveza espiritual não costumam ser notados por seu discernimento estético.

A quebra de hierarquias culturais é claramente bem-vinda. No mais das vezes, entretanto, é menos o resultado de um espírito genuinamente democrático do que um efeito da forma de mercadoria, que nivela valores existentes em vez de contestá-los em nome de prioridades alternativas. Na verdade, representa menos um ataque à supremacia cultural do que à noção de valor como tal. O próprio ato de discriminação se torna suspeito. Não apenas envolve exclusão, mas deve implicar a possibilidade de um ponto de vista superior, o que parece ofensivo ao espírito igualitário. Aqueles que preferem Billie Holliday a Liam Gallagher (e que direito eles têm de julgar?) estão simplesmente sendo elitistas. Como nada é mais comum do que avaliação em bares e estádios de futebol, essa aversão à classificação é em si uma postura elitista. Distinções dão lugar a diferenças. A culinária de Florence, Arizona, não é nem melhor nem pior do que a de Florença, Itália – é simplesmente diferente. Discriminar é rebaixar uma coisa injustamente e promover outra em bases espúrias. Julgar que Donald Trump tem menos humildade do que o Papa Francisco é empurrar Trump, de forma hipócrita, para as trevas, desprezando o valor absoluto da inclusão; quem sou eu para me arrogar tal autoridade? De que ponto de vista odiosamente olímpico alguém tem o direito de pontificar que alimentar um hamster é preferível a colocá-lo no micro-ondas?

O falso populismo da mercadoria, a recusa calorosa em classificar, excluir e discriminar, é baseado em uma indiferença absoluta em relação a todos. Descuidado na maior parte das distinções de classe, raça e gênero, impecavelmente imparcial em seus favores, a mercadoria se entregará, no espírito de um bordel, a qualquer um com dinheiro para comprá-la. Uma indiferença semelhante está por trás do avanço histórico do multiculturalismo. Se a espécie humana tem uma chance, pela primeira vez em sua história, de se tornar completamente híbrida, é em grande parte porque o mercado capitalista comprará a força de trabalho de qualquer um disposto a vendê-la, quaisquer que sejam suas origens culturais. Há, com certeza, algumas tensões de transição. No momento, é a economia que está promiscuamente aberta a todos os que chegam, e uma certa corrente de cultura racista que deseja discriminar. Um mercado capitalista acostumado a ser culturalmente incorporado ao Estado-nação, cujo poder de fogo militar e homogeneidade social o serviram bem ao longo dos séculos, reúne agora diferentes grupos étnicos; e as forças racistas e neofascistas que desencadeia ameaçam fragmentar a coesão nacional de que o sistema econômico globalizado continua a depender. Nesse sentido, a mistura e a multiplicidade dão origem a novas formas de hierarquia e divisão.

Por ora, então, cultura e economia estão fora de sincronia. Enquanto a última pode se tornar global, não é tão simples para a primeira se tornar cosmopolita. Pode-se, com certeza, frequentar cafés poliglotas ou apreciar a música de uma série de nações, mas cultura nesse sentido do termo não tem a profundidade em que valores e convicções se enraízam. Existem de fato lealdades internacionais pelas quais homens e mulheres estão prontos a morrer, principalmente na tradição socialista; mas a cultura, como Burke sabia, baseia boa parte de sua resiliência em lealdades locais. É difícil imaginar os cidadãos de Bradford ou de Bruges em barricadas aos brados de "Viva a União Europeia!". Longe de produzir cidadãos do mundo, o capitalismo transnacional tende a gerar paroquialismo e insegurança em boa parte daqueles que estão sujeitos à sua influência; e é em direção ao racismo e ao chauvinismo, não a cafés cosmopolitas, que essa insegurança provavelmente os impelirá.

Enquanto algumas formas de cultura se tornaram mais significativas, outras perderam significado. Ninguém mais acredita que a arte pode ocupar o lugar do Todo-Poderoso. A cultura como crítica da civilização tem sido cada vez mais erodida, minada entre outras coisas pelo preconceito pós-moderno de que qualquer crítica desse tipo deve se dirigir a uma totalidade social ilusória de um ponto de vista igualmente ilusório de conhecimento absoluto. Ela também foi sitiada, como vimos, pela traição intelectual das universidades. As dimensões críticas ou utópicas do conceito de cultura estão declinando rapidamente. Se cultura significa um modo de vida, como acontece quando falamos de "cultura corporativa", "cultura de praia", "cultura policial", "cultura de café" e assim por diante, é difícil que ela possa servir ao mesmo tempo como um parâmetro para avaliar tais formas de vida e também a existência social em geral. As chamadas políticas identitárias não são notadas por seu espírito autocrítico. O objetivo de se envolver com a cultura popular inglesa é afirmar o folclore inglês, não questioná-lo. Ninguém quer aprender a dança de Morris só para satirizar todo esse negócio meio ridículo.

Ao mesmo tempo, há culturas políticas (gay, feminista, étnica, musical e assim por diante) que são de fato profundamente críticas ao status quo. Elas herdam o impulso dissidente da *Kulturkritik*, ao mesmo tempo que abandonam o elitismo espiritual. Elas também rejeitam o utopismo abstrato, trocando-o por um modo de vida específico. Se desafiam os ares patrícios da tradição que vai de Schiller a Lawrence, com seu desdém pela modernidade, também diferem daqueles formas de vida que existem simplesmente para afirmar uma identidade social particular, em vez de lançar um olhar frio sobre a ordem social como um todo. Ninguém pensaria em fazer dança folclórica britânica para derrubar o capitalismo, mas muitas feministas veem essa perspectiva com bons olhos. Culturas políticas desse tipo combinam crítica com solidariedade em algo no estilo do movimento trabalhista tradicional.

No entanto, embora a política de identidade e o multiculturalismo possam ser forças radicais, eles não são, no mais das vezes, revolucionários. Algumas dessas correntes políticas abandonaram suas esperanças a esse respeito, enquanto outras sequer chegaram a considerá-las. Diferem assim das forças que expulsaram os britânicos da Índia e os belgas do Congo. Essas campanhas foram uma questão de expulsão e exclusão, não de pluralidade e inclusão. Previam um mundo para além do horizonte da realidade capitalista, mesmo que essas visões tenham sido frustradas. A política cultural de hoje, por outro lado, geralmente não é dada a desafiar essas prioridades. Ela fala a linguagem de gênero, identidade, marginalidade, diversidade e opressão, mas não o idioma do Estado, da propriedade, da luta de classes, da ideologia e da exploração. Em linhas gerais, é a diferença entre anticolonialismo e pós-colonialismo. Políticas culturais desse tipo são, em certo sentido, o oposto de noções elitistas de cultura. No entanto, elas compartilham, à sua maneira, a supervalorização dos assuntos culturais comum ao elitismo, bem como sua distância da perspectiva de mudança fundamental.

O que dizer, finalmente, da chamada guerra contra o terror? Não é aqui que deveríamos procurar a persistência de questões culturais na sociedade política? Talvez alguém possa ver o colapso do World Trade Center como uma explosão surreal de forças culturais arcaicas no seio da civilização moderna. O choque entre o capitalismo ocidental e o islamismo radical, no entanto, é principalmente um assunto geopolítico, não cultural ou religioso, assim como o recente conflito na Irlanda do Norte teve pouco a ver com convicção religiosa. Muito se fala sobre a necessidade de um encontro amigável entre o que é conhecido como "duas tradições culturais", a unionista e a nacionalista. Assim, uma história de injustiça e desigualdade, de supremacia protestante e subjugação dos católicos, é convertida em uma questão inócua de identidades culturais alternativas. A cultura se torna uma maneira conveniente de deslocar a política.

Como no caso do nacionalismo revolucionário, a cultura pode fornecer alguns dos termos em que batalhas materiais e políticas são unidas, mas não constitui sua substância. Em geral, o fundamentalismo é o credo daqueles que se sentem abandonados e humilhados pela modernidade, e as forças responsáveis por esse estado mental patológico, como as que dão origem ao multiculturalismo, estão longe de serem em si mesmas culturais. Na verdade, as questões centrais que confrontam uma humanidade que caminha para o novo milênio não são culturais. São muito mais mundanas e materiais do que isso. Guerra, fome, drogas, armas, genocídio, doença, desastre ecológico: todos eles têm seus aspectos culturais, mas a cultura não está em seu cerne. Se os que falam sobre cultura não conseguem fazê-lo sem inflar o conceito, talvez seja melhor que permaneçam em silêncio.

Referências bibliográficas

ARNOLD, Matthew. *Culture and Anarchy*. Londres: Macmillan, 1924.

BARNARD, F. M. (Org.). *J. G. Herder on Social and Political Culture*. Cambridge: Cambridge University Press, 1969.

BURKE, Edmund. *A Philosophical Enquiry into the Origin of our Ideas of the Sublime and Beautiful*. Org. J. T. Boulton. Londres: Routledge, 1958.

BURKE, Edmund. *A Vindication of Natural Society*. Indianapolis: Liberty Fund, 1982.

BURKE, Edmund. *The Works and Correspondence of the Right Honourable Edmund Burke*. Londres: Francis and John Rivington, 1852.

BURKE, Edmund. *The Works of the Right Honourable Edmund Burke*, Org. F. W. Rafferty. Londres: Oxford University Press, 1906-7.

BURKE, Edmund. *The Works of the Right Honourable Edmund Burke*. Londres: George Bell and Sons, 1890.

CANAVAN, Francis (Org.). *Select Works of Edmund Burke*. Indianapolis: Liberty Fund, 1999.

COPELAND, Thomas W. (Org.). *The Correspondence of Edmund Burke*. Cambridge: Cambridge University Press, 1958.

EAGLETON, Terry. *Culture and the Death of God*. Londres: Yale University Press, 2014.

EAGLETON, Terry. *The Ideology of the Aesthetic*. Oxford: Blackwell, 1990.

EAGLETON, Terry (Org.). *Oscar Wilde: Plays, Prose Writings and Poems*. Londres: Everyman, 1991.

ELIOT, T.S. *Notes Towards the Definition of Culture*. Londres: Faber & Faber, 1948.

ELLMANN, Richard. *James Joyce*. Oxford: Oxford University Press, 1982.

FREUD, Sigmund. *Civilisation and its Discontents*, Org. e trad. James Strachey. Londres: Hogarth Press, [1930] 1961.

GIBBONS, Luke. *Edmund Burke and Ireland*. Cambridge: Cambridge University Press, 2003.

GILLIES, A. *Herder*. Oxford: Blackwell, 1945.

HERDER, J. G. *Another Philosophy of History and Selected Political Writings*. Org. e trad. Ioannis Evrigenis e David Pellerin. Indianapolis: Hackett, 2004.

HUME, David. *Treatise of Human Nature*. Oxford: Oxford University Press, 1960.

KAUFMANN, Walter (Org.). *Basic Writings of Nietzsche*. Nova York: Random House, 1968.

KEDOURIE, Elie. *Nationalism*. Londres: Hutchinson, 1960.

KETTLE, Tom. *The Day's Burden*. Dublin: Browne and Nolan, 1937.

KLEIN, Lawrence E. *Shaftesbury and the Culture of Politeness*. Cambridge: Cambridge University Press, 1994.

KRAMNICK, Isaac (Org.). *The Portable Burke*. Harmondsworth: Penguin, 1999.

LANGFORD, Paul (Org.). *Writings and Speeches of Edmund Burke*, vol. 2. Oxford: Oxford University Press, 1981.

LEAVIS, F. R. *Mass Civilisation and Minority Culture*. Cambridge: Minority Press, 1930.

LEAVIS, F. R. (Org.). *Mill on Bentham and Coleridge*. Cambridge: Cambridge University Press, 1980.

LUBBOCK, Percy (Org.). *Letters of Henry James*, vol. 1. Londres: Macmillan, 1920.

MARSHALL, P. J. (Org.). *The Writings and Speeches of Edmund Burke*, vol. 5. Oxford: Clarendon Press, 1981.

MARX, Karl. *Capital*, vol. 2. Nova York: International Publishers, 1967.

MARX, Karl. *Grundrisse*. Harmondsworth: Penguin, 1973.

McDowell, R. B. (Org.). *The Writings and Speeches of Edmund Burke*, vol. 9. Oxford: Clarendon Press, 1991.

MILL, John Stuart. *Dissertations and Discussions*, vol. 2. Londres: Parker, 1859.

MULHERN, Francis. *Culture/Metaculture*. Londres: Routledge, 2000.

O'BRIEN, Conor Cruise. *The Great Melody*. Londres: Sinclair Stevenson, 1992.

RICHARDS, I. A. *Science and Poetry*. Londres: Kegan Paul, Trench, Trübner, 1926.

ROLLESTON, T. W. (Org.). *Thomas Davis: Selections from His Poetry and Prose*. Dublin: Talbot Press, 1920.

RORTY, Richard. *Philosophy and the Mirror of Nature*. Princeton, NJ: Princeton University Press, 1979.

RORTY, Richard. *The Consequences of Pragmatism*. Minneapolis: University of Minnesota Press, 1982.

RUSKIN, John. *Stones of Venice*. Londres: George Allen, 1899.

SCHILLER, Friedrich. *On the Aesthetic Education of Man*. (Org. e trad. Elizabeth M. Wilkinson e L.A. Willoughby. Oxford: Clarendon Press, 1967.

SIKKA, Sonia. *Herder on Humanity and Cultural Difference*. Cambridge: Cambridge University Press, 2011.

TAYLOR, Charles. *Philosophical Arguments*. Cambridge, MA: Harvard University Press, 1995.

TYLOR, E. B. *Primitive Culture*, vol. 1. Londres: John Murray, 1871.

WHELAN, Frederick G. *Edmund Burke and India: Political Morality and Empire*. Pittsburgh: University of Pittsburgh Press, 1996.

WILLIAMS, Raymond. *Culture and Society 1780–1950*. Londres: Chatto & Windus, 1958.

WILLIAMS, Raymond. *Keywords: A Vocabulary of Culture and Society*. Londres: Fontana, 1983.

WILLIAMS, Raymond. *The Politics of Modernism*. Londres: Verso, 1989.

YOUNG, Robert J. C. *Colonial Desire*. Londres: Routledge, 1995.

ZAMMITO, John H. *Kant, Herder, and the Birth of Anthropology*. Chicago: University of Chicago Press, 2002.

ŽIŽEK, Slavoj. *Demanding the Impossible*. Cambridge: Polity Press, 2013.

Índice remissivo

SOBRE O LIVRO

Formato: 13,7 x 21 cm
Mancha: 24,5 x 38,7 paicas
Tipologia: Iowan Old Style 10/14
Papel: Off-White 80 g/m² (miolo)
Cartão Triplex 250 g/m² (capa)

1ª edição Editora Unesp: 2025

EQUIPE DE REALIZAÇÃO

Edição de texto
Raquel Reis (Copidesque)
Pedro Gomes (Revisão)

Capa
Marcelo Girard

Editoração eletrônica
Sergio Gzeschnik

Assistente de produção
Erick Abreu

Assistência editorial
Alberto Bononi
Gabriel Joppert

Rettec artes gráficas e editora

Rua Xavier Curado, 388 • Ipiranga - SP • 04210 100
Tel.: (11) 2063 7000
rettec@rettec.com.br • www.rettec.com.br